ちくま新書

チームの力
——構造構成主義による〝新〟組織論

西條剛央
Saijo Takeo

1124

チームの力——構造構成主義による〝新〟組織論【目次】

序章 『進撃の巨人』の〝巨人〟とは何か 009
『進撃の巨人』はなぜ流行るのか／〝巨人〟とは何か／〝強い力〟が欲しい／小さな力を集めて大きな力に／構造構成主義を「ふんばろう東日本支援プロジェクト」に活かす／チームは希望を作る

第1章 なぜ未曾有のチームができたのか 025
メンバーが自律的に動くチーム／境界のないチーム／しなやかな組織作り／SNSにおけるミス・コミュニケーションを減らす／感情は論理に先立つ／感謝を忘れたときチームは崩壊する／対立を超える考え方／「何でもいいから意見を言ってください」はNG／チームを運営する強力なツール

Column 1 なぜ心理学に進むことになったのか 040

第2章 どんなチームを作るのか――「価値の原理」 043

1　チームの骨格――目的・理念・ビジョン　044
チームとは何か／「目的」を注意深く明文化する／目的に忠実であることの重要性／自律的なチーム作りに必要なこと／理念こそ意思決定の重要な指針／理念の共感機能／理念とは価値観が表明されたもの／思考停止してはいけない／理念の本質とは何か／ビジョンとは何か／「ふんばろう」が掲げた二つのビッグビジョン／ビジョンが過去・現在・未来をつなぐ／価値とは何か／「個別理論」と〝原理〟の決定的違い

2　リーダーシップとは何か　064
はじまりは「ダメなリーダー」／リーダーシップのメタ方法論／性格は変えられない／欲望で歪められた知性は〝正しく〟不正解を導く／信頼できるメンターの存在／感性が似ている「第三者としての自分」を探す／人は「言っていること」より「やっていること」で判断する／状況に応じてリーダーや権限の範囲を変える／リーダーシップに最も大切な要素とは何か／なぜ本心は伝わってしまうのか／リーダーの人格に応じて組織の体質が決まる／雰囲気はごまかすことができない／なぜリーダーシップのテクニックは通用しないのか／人格を高めるとはどういうことか／誠実なチームを作るために何をすればよいか

Column 2　メンタルが身体パフォーマンスを変える　094

第３章　ブレないチーム運営――「方法の原理」　103

哲学はビジネスの現場でも役立つ／〝方法の原理〟という普遍的な考え方／新たに開発した物資支援の「方法」／原理を踏み外したときに失敗する／状況に応じて柔軟に方法を変える／組織の成長段階に合わせてあり方も変える／組織が不合理な選択を行う理由／埋没コストは過去へのとらわれ／感情に引っ張られないために必要な「論理」／求めるべきは適切な「問い」／なぜ前例主義に陥るのか／達成バイアスと失敗回避バイアス／正当性をいかに相手に伝えるか／建設的に代案を出し合うためのスキーム／戦略とは何か／マイクロソフトとアップルにみる戦略／しなやかなチーム作りのための〝戦略の原理〟／被災地支援にみる〝戦略の原理〟の有効性／新指標は実現できてこそ「戦略」となる

Column 3　ビッグウェーブ　142

第4章　機能するチームとは――「人間の原理」　149
1　適材適所とモチベーション　150
適材適所とは何か／すべての人間に共通する心の本質とは何か／モチベーションは関心に基づく／「関心」は見落とされやすい／才能の壁と関心の壁／日本一社員満足度の高い会社にみる実践例／できるだけ関心と能力にみあった仕事を／〝本質〟の有効性はどのように判断されるのか／一番大事なことは明示しないという方法／〝適材適所の原理〟によるダイナミックな采配／多くの仲間を巻き込むプロジェクトのみ始動できる／従業員をボランティアと思うことで人間の本質に沿いやすくなる／〝インタレスト・ベースド・マネジメント〟／個人のモチベーションとチームのパフォーマンスの両立／グーグル「20％ルール」の威力／20％ルールとは何か／20％ルールの最も重要な成果とは／重要なのは時間ではなく自由である／フロー理論／真にイノベーティブなアイデアが生まれるための条件／何が集中を妨げるのか／フロー状態を生み出す環境の作り方／業務に夢中になる／20％ルールはどこでも同じ効果を発揮するのか

2 信念対立の回避と解消 182
「異なる正しさ」をぶつけ合う〝信念対立〟／ボランティア同士の信念対立／価値判断の根拠を問い直す／「関心」の「きっかけ」にまでさかのぼる／熱意の空回り／「正しいことをしている」という信念の危うさ／別の価値観を認める／誰もが〈物語〉を持っている／チーム医療での実践／無理に統一しなくてもいい／〝原理〟とは上手に考えるための視点

Column 4 アルス・エレクトロニカ授賞式 201

あとがき――〝いいチーム〟とは何か 209

構造構成主義に関する主な参考文献 218

初出一覧 221

序章

『進撃の巨人』の〝巨人〟とは何か

†『進撃の巨人』はなぜ流行るのか

本書は、構造構成主義の観点から書かれた初めてのチーム論である。

別冊少年マガジンで連載中の巨人と人類との戦いを描いたダークファンタジーである『進撃の巨人』(諫山創)は、アニメ化、映画化もされ、累計発行部数4000万部を超える国民的な大ヒットとなっている。『進撃の巨人』は、なぜこれほど流行っているのか。ある作品が流行るのは、その時代の集合的無意識を反映しているためという仮説のもとで、組織論的な観点から読み解いてみる。

そこで描かれている世界は、多くの人間が巨人に生きたまま食べられるという、ひどく残酷なものである。事実、巨人に抗《あらが》う訓練を受けた戦闘部隊でさえ、食べられるときには、断末魔の悲鳴をあげ、身体は嚙みちぎられ、悲惨な最期を遂げる。主人公のエレン・イェーガーに至っては、目の前で母親が巨人に食べられるのである。そうした、人間が生きたまま食べられる捕食シーンはほぼ毎回のようにリアルに描かれる。

そうであるにもかかわらず、なぜ、今、これほどの大ヒットとなっているのだろうか? そうしたシーンが我々の無意識の欲望を満たしているところがあるのだろうか? だとしたら、一体、どんな欲求を満たしているというのか?

——それは、自分のほうがまだよいと思いたい、という欲求だ。人間が生きたまま食べられるシーンをみたとき、人は、可哀想だ、残酷だと思いながら、心のどこかで「自分じゃなくてよかった」と思う。この世界は理不尽に溢《あふ》れているが、これほど残酷な世界ではない、自分のほうがまだマシかもしれないと思うことによって、心のどこかで救われているのだ。

この10年で30万人以上が自ら命を絶たざるをえない状況に追い込まれた。東日本大震災では千年に一度といわれる超巨大地震と巨大津波により1万8000人以上の人が一度に命を落とした。東京電力福島第一原発事故により多くの人が故郷を追われた。この事態に、政治をはじめとする既存の仕組みは機能せず、原発の影響や長引く避難生活などによる関連死者数は3194人にのぼる(2014年9月30日現在)。見せかけの安全と繁栄と平和は脆《もろ》くも崩れ去り、この世界が残酷であることが露呈した。

多くの仲間を殺した女型の巨人の正体が主人公の同期の一人(アニ・レオンハート)だったことが明らかになったとき、主人公は、それに立ち向かおうとするミカサ・アッカーマンというヒロインに向かって「何でおまえらは戦えるんだよ!!」と叫ぶ。ミカサは「仕方がないでしょ。この世界は残酷なんだから」と淡々と答える。

――そうだ、この世界はひどく残酷だ。

そう、思わず共感してしまうほど、我々の世界もずいぶんひどい状態なのだ。

†〝巨人〟とは何か

ところでメガヒットとなった『進撃の巨人』における〝巨人〟とは、我々の世界の何を象徴したものなのだろうか?

その物語における人を食う巨人は、未だ多くの謎に包まれているが、物語が進むにつれて元々は人間であったことが明らかになった。

では、我々の世界において、元々は人間でできていて巨大化したものとは何か?

――それは組織ではないか。

すべての組織は人間でできている。巨大化し、ときに暴走し、人間を食い物にするようになる。巨人の侵攻を阻む壁を壊し、人々の暮らしを脅《おびや》かすきっかけを作った超大型巨人は、さながら日本政府といったところか。巨人は圧倒的パワーのみならず、高い再生能力を持っている。知能は低く(高いものもいるが)、その表情は、笑顔なら笑顔といったように、特定の表情に固定化されたなんとも不気味な顔をしている。原発ゼロで夏も冬も乗り切ったにもかかわらず原発を「ベースロード電源」に位置づけ、収束してもいないのに「放射線は完全にコントロールされている」と宣言し、原発反対の国民の声はスルーする一方で、700億円もかかる総選挙（2014年12月）を政争の道具に使うために「国民の信を問う」とうそぶいた、どこかの総理大臣の笑顔と重なるものがある。

『進撃の巨人』の15巻では、巨人が侵攻してきたという情報を聞き、王政における為政者たちは、「全ての扉を閉鎖しろ!!　避難民を何人たりとも入れてはならんぞ!!」と言い放ち、人類の半数を見殺しにするという判断をした。しかし、それは軍の総司令たちが、為政者が人類の手綱を握るに相応《ふさわ》しいのかを見定めるために流した偽《にせ》の情報であった。それにより為政者たちが「自らの資産を残り半数の人類より重いと捉えている」ことが明白となったことから、軍は彼らを制圧し、革命が成った。

この為政者たちの姿は、今の日本の為政者にそのまま重なるものがある。震災後、国はSPEEDI（緊急時迅速放射能影響予測ネットワークシステム）の発表を行わなかった。国民の安全より秩序を保つことを優先したのだ。そして、原発事故の収束の目処《めど》すら立たない中、原発の再稼働に向けて動き出した。目先の利益を得るために、無害化するのに10

万年かかる大量の放射性廃棄物を、未来の子どもたちに押し付ける意思決定を行ったのだ。

また、国債や借入金、政府短期証券を合わせた「国の借金」の残高も2014年6月に1000兆円を超え、1年もたたないうちに2015年3月には1100兆円に達する見込みとなった。人を食い物にする〝巨人〟の暴走は止まりそうもなく、この先に破綻しか待っていないのは火を見るより明らかだ。そして破滅が訪れたとき、真っ先に保身に走るのもまた為政者であろうことも想像に難くない。

「普通に考えれば、簡単にわかる……。こんなでけえやつには、勝てねえってことぐらい。」

主人公の仲間の一人ジャン・キルシュタインは、巨人の圧倒的な力を目の当たりにして、そうつぶやく。

この残酷な世界に、希望はあるのだろうか。

物語の主人公エレン・イェーガーは巨人と戦うため兵団の訓練生となり、最も生存率の低い調査兵団に志願した。決して能力は高くないが、比類なき意志の強さを持つ。あると き巨人に食べられそうになった友人（アルミン・アルレルト）の身代わりとなり、巨人に捕食されてしまう。しかし、胃の中で遺体に囲まれながら、「くそ！　くそ！　くそっ！　諦めてたまるか！　駆逐してやる！　一匹残らず！　俺が、この手でっ!!」と魂が揺さぶられるような声で叫ぶと、巨人化し、他の巨人たちを駆逐し始めた。巨人になる力を秘めていたのだ。

そうして、彼は一躍人類の希望となる。そして、彼を援護する仲間が次々と倒れる中、「どれだけ世界が怖ろしくてもっ、どれだけ世界が残酷でもっ、戦え！　戦え！　戦えっ!!」、そう叫びながら、巨大な岩を運び、壁に空いた穴を塞ぐことで、そのエリアに巨人が侵入できないようにした。そうして人類は初めて巨人から領土を回復することに成功したのだ。

このエレン・イェーガーは、我々の世界において何を象徴しているのだろうか？

——それは僕ら自身ではないか。

†〝強い力〟が欲しい

少し自分の話をしよう。

2011年3月11日。私は東京でかつて経験したことのない大きく長い揺れを体験した。

ついに予測されていた巨大地震が来たかと思った。しかし震源は東北だった。仙台の実家の両親の無事は確認できたが、その晩になっても連絡が取れなかった伯父さんは行方不明となった。しばらくは希望を持って探していたが、ある日、もう生存者はいないと悟ったとき、妻と二人で泣いた。とてもいい伯父さんだった。従弟は現地で探し続けた。桜が散る頃、仙台空港の近くで発見された。伯父の妹である母は、「よかったのよ！ 家族のもとに帰れたんだから」と言った。遺体が見つかっただけ、まだよかったのだと、喜ばなければならない哀しみがあるのを知った。

当時、津波による死者、行方不明者は2万人を超えていた。原発は水素爆発を起こし、最悪の事態が起きてもおかしくない状況が続いた。人類がはじめて遭遇する複合大震災の前に、個人の力はあまりに無力だった。何かしたいと思っても何もできなかった。生まれてはじめて〝強い力〟を欲した。

3月下旬、ガソリンが廻り始めたタイミングで、バンに支援物資を積んで現地に行った。白黒になった世界。泥にまみれた家族アルバム。嗅いだことのない異臭。割り箸のように折り曲げられた電信柱。ぐちゃぐちゃにプレスされた車。打ち砕かれた巨大な防波堤。圧倒的な破壊の前で立ち尽くした。そしてその破壊は沿岸数百キロメートルに渡り続いていていたのだ。

拠点避難所に物資は集積していたが、その先に流れず、小さな避難所には届いていなかった。ある避難所のリーダーは、差し入れの赤ちゃんのお尻ふきをみて、これで自分たちの身体をふけると言った。ペンの1本すら持っていなかった。持って行った物資は小さな避難所6ヵ所と、個人避難宅エリアで配布し、あっという間になくなった。

仙台の実家に帰ると消防士をしている兄から現地の状況を聞いた。仙台市は東京都からの物資の受け入れを3月末には中止しており、物資は余っているという報道も流れていた。

かつて感じたことがない感情が湧き上がってきた。

「それなら全部俺がやってやるっ！」

心の底からそう思った。

†小さな力を集めて大きな力に

圧倒的な自然災害の前では、一人ひとりの人間の力はたとえようもなく小さい。しかし、チームとなることで、大きな力を持つことができる。また巨大な組織は、パワーはあるが動きが鈍い。震災直後、現地は必要なものが次々と移り変わっていったため、何よりもまずスピードが求められた。動きが鈍ければ必要なくなったものが大量に届くことになるためだ。

そこで〝クジラではなく、小魚の群れになろう〟をキャッチフレーズとした支援プロジェクトを立ち上げた。小魚の群れであれば、状況の変化に応じて、即座に方向転換することができる。縦横無尽に組織の形を変え、機能し続けることができる。それが「ふんばろう東日本支援プロジェクト」の始まりだった。

必要なものを必要な人に必要な分だけ届ける新たな仕組みを作ることで、多くの避難所、仮設住宅、個人避難宅エリアに継続的な物資支援を成立させた。「家電プロジェクト」では日本赤十字社の支援を受けられない個人避難宅を中心に家電を支援した。さらに「重機免許取得プロジェクト」では、現地で被災された方々が無料で重機免許を取得できるようにした。「PC設置でつながるプロジェクト」では仮設住宅のPCインフラを整備。その他にも「ミシンでお仕事」「手に職・布ぞうり」「就労支援」「物づくり」「学習支援」といった自立支援系プロジェクトや、「おたより」「エンターテイメント」「ハンドメイド」「緑でつながる」といった多岐にわたる50以上のプロジェクトがそれぞれ大規模な支援を行った。こうして〝小さな力を集めて大きな力に〟を実現したのである。

その結果、「ふんばろう東日本支援プロジェクト」は3000人以上を擁する日本最大の総合支援組織に発展し、既存の組織や団体が果たせなかった実効性の高い大規模支援を実現した。また、こうした実績は、日本赤十字社や日本経済団体連合会、参議院の憲法審査会、内閣府（防災担当）にも認められ、2012年の公式シンポジウムに招聘《しょうへい》された。2014年には、世界的なデジタルメディアのコンペティションである「アルス・エレクトロニカ賞（Prix Ars Electronica）」のコミュニティ部門において、最優秀賞（ゴールデン・ニカ）を日本の団体として初めて受賞。さらに、空前の大ヒットとなった妖怪ウォッチと並び、「ベストチーム・オブ・ザ・イヤー2014」も受賞した。

「ふんばろう東日本支援プロジェクト」とは、中核はあっても、内外の境界のないチームであった。そのため「ふんばろう」に参加しているという自覚もなく、このプロジェクトに協力していたという人も多くいた。それぞれのリソースを活かし協力してくれた80を超える企業はもちろん、新聞、テレビ、ラジオ、雑誌、インターネット記事といった100を超えるマスコミもまた活動を広げるという意味で、チームの一員の役割を果たしてくれた。多くのプロジェクトを通して被災された数十万人の人々に支援できたのは、できることをしようと多くの人々が動いたからで、空前のチームが受賞したものなのだ。だから、私に言わせれば、東日本大震災という戦後最大の国家的危機を乗り越えるために行動したすべての人たちは、巨人になり人類のために立ち上がったエレン・イェーガーなのだ。

†構造構成主義を「ふんばろう東日本支援プロジェクト」に活かす

私はそれまでボランティアをやったこともなければ、プロジェクトを立ち上げたことも事業を起こしたこともない。では、なぜ、まがりなりにもこのような大規模プロジェクトを運営できたのか。

それを実現する鍵となったのが〝構造構成主義〟であった。それは物事の本質からなる原理を把握する学問であり、価値の原理、方法の原理、人間の原理といった原理群からなる体系である。ここで言う〝原理〟とは、いつでもどこでも論理的に考える限り、例外なく洞察できる普遍洞察性を備えた理路を指す。それによって、前例がことごとく機能しなかった未曾有の災害において、その都度ゼロベースで実効性の高い支援活動を行うことが可能になったのだ。

10年前に『構造構成主義とは何か』(北大路書房)の中で体系的な姿を現したこのメタ理論は、多くの研究者による洗練、深化を続けながら、医療、福祉、教育学、心理学、社会学、研究法といったさまざまな領域やテーマに導入され、200以上の応用理論、方法論を生み出してきたが、それを可能としたのは対象を問わない原理の性質によるものだ。震災後、それは〝本質行動学〟としてチーム作りや組織行動に応用された。その実証例が、日本最大の総合支援組織として結実した「ふんばろう東日本支援プロジェクト」であった。

これは既存の組織をすべて否定するものではない。『進撃の巨人』において、巨人から人々の命と生活を守る壁もまた巨人であったように、我々の現在の生活を守っているのもまた組織なのである。しかし、壁に穴があいた危機的状況において、既存の組織に限界があるのもまた確かなのだ。

†チームは希望を作る

そもそも、我々は何のためにチームを作るのか?

――それは一人ではできないことがあるからだ。

一人でできるならチームを組む必要はない。『進撃の巨人』においてリヴァイ兵長は一個師団(4000人)の戦力に相当すると噂されている人物として描かれているが、我々の世界にも一騎当千と言える人は存在する。しかし、だとしてもなお個人の力には限界がある。

エレンは何のために巨人になったのか？　それは一人の人間の力ではできないことがあるからだ。興味深いのは、エレンは彼の意志（目的）の持ち方に応じて、その都度異なる機能を持つ巨人になるという点だ。一匹残らず巨人を駆逐するという意志で巨人化したときは周囲にいる巨人を全滅させた。砲弾からミカサとアルミンを守ろうとしたときには一定時間防御できるだけの半身からなる未完成の巨人となった。

本書で論じるのは、あなたの目的に応じた〝チーム〟の作り方、つまり意志に応じて機能する〝巨人〟の作り方である。


以下が本書のアウトラインだ。

第1章は、「ベストチーム・オブ・ザ・イヤー2014」受賞時の記事をもとに書いた概論的な位置づけの章になる。いわば本書のマップとなる章だ。そのため他の章と多少重なるところもあるが概要を摑《つか》みたいという人はまず読んで欲しい章だ。

第2章は、構造構成主義の〝価値の原理〟を出発点として、チーム（組織）の理念やビジョンとは何か、どうやって作ればよいのかを論じた。それに加えて後半では、学生時代からの自分のチーム運営を振り返りつつ、リーダーシップとは何かを論じている。ここを読んでもらえば、私も最初からチーム運営がうまくできていたわけではなく、経験と知識を積み重ねる中で、少しずつうまくできるようになっていったことがわかるだろう。これは、本書で論じるチーム作りは、カリスマといわれるリーダーしかできないものではなく、技術として身につけることが可能なものだということを意味する。チーム作りは、社会で生きるあらゆる人にとって身近なテーマであるということも感じてもらえたら嬉しい。

第3章は、〝方法の原理〟を中心に、ブレないチーム運営の方法について論じた。変化の激しい時代に、状況に応じて方法や戦略をどう変えるのか、そのヒントを紹介している。

第4章では〝人間の原理〟に基づき、チームマネジメントの方法、適材適所とは何か、そして、どうすればチームの人間関係を円滑に保ち、メンバーのモチベーションを高められるのかについて論じた。さらにチーム内で起こる信念対立を解消するための考え方を論じている。

そして各章の間には、インタビュー形式のコラムを挟んだ。私がどういう経緯を経て構造構成主義を構想するようになったのか、数学で0点をとったり、二浪したりといった学生時代の苦い思い出とともに振り返っている。各章の息抜きにご笑覧いただければ幸いだ。

チームを作る力とは、〝希望〟を作る力でもある。既存のシステムは耐用年数を過ぎ、末期的症状を示している。著者としては、読者の皆さんがまっとうなことをまっとうにできるチームを作り、この世の中に〝希望〟を生み出すための一助となれたらこれに勝る喜びはない。

この本は、そういう思いで書いた。

第１章

なぜ未曾有のチームができたのか

†メンバーが自律的に動くチーム

2011年4月、ソーシャル・ネットワーキング・サービス(SNS)を活用して立ち上がったボランティア組織が「ふんばろう東日本支援プロジェクト」(以下「ふんばろう」)だ。同組織では、避難所や仮設住宅へ物資を届ける「物資支援プロジェクト」、個人避難宅を中心に家電を支援する「家電プロジェクト」など、複数のプロジェクトが自律的に動いていた。プロジェクト数は合計50以上と、多岐にわたる支援を展開した。

この大規模な支援活動を実現したのは、多種多様な「プロジェクト」と、岩手、宮城、福島といった「前線支部」/名古屋、京都、岡山といった「後方支部」/Web、会計、SNSなどの「機能部門」ごとのチーム連携だった。

ボランティア未経験ながら、自律的に動ける日本最大級のボランティアチームを作り上げることを可能にした大きな要因として、〝構造構成主義〟という独自のメタ理論の存在があった。本章では、「ふんばろう」を素材として、この構造構成主義に含まれるいくつかの代表的な原理を紹介しながら、本書の見取り図を描くことで、全体のイメージを摑んでもらえたらと思う。

2011年4月当時、未曾有の震災により、現地の行政も壊滅的な打撃を受け、国も含めて情報を統制してコントロールできるような状態ではなかった。壊滅したところほど、情報は上がりようがなかったのだ。そこで「タテ組織で統率する」という発想は捨てた。それぞれが自律的に動き、結果として効果的な支援が成立するにはどういう仕組みを作ればいいのかと考えた。

現地に入った翌日、すぐにホームページを立ち上げ、現地で聞き取ってきた必要な物資を掲載し、「送れる人は送ってください、送ったらどこの避難所に何をどのぐらい送ったかコメントしてください」とだけ記載して、ツイッター（Twitter）にリンクして拡散した。必要な物資がすべて送れたらホームページ上でそれを消せば、必要以上の物資が届くことはない。現地で必要な人に配ってくれるキーパーソンと組み、ツイッターの拡散力、ホームページの制御力、宅配便という既存のインフラを活用することで、必要な物資を必要な分、必要としている人に直送できる仕組みを作った。さらにアマゾン（Amazon）のウィッシュリストも活用し、クリック一つで、チェンソーや家電などを必要としている人に、世界中から支援できるようにした。被災地のために何かしたいと思っている人たちが、日本中、いや世界中から、必要としている人に必要なものを必要な分だけ届けることが可能な仕組みである。

ツイッターやフェイスブック（Facebook）、サイボウズLiveといったSNSを活用した後方支援と、前線で活動するボランティアを有機的に連動させることによって作り出した総合支援プロジェクトが「ふんばろう」だった。ボランティアスタッフはもちろんのこと、現地に物資を持ってまわって営業してくれたボランティア、物資を送ってくれた全国のたくさんの支援者、自らも被災しながら現地で配ってくれた人たち、それから受け取った人の数も含めて、どれだけの人が関わったかもわからない。ツイッターやフェイスブックで情報を拡散したり、応援してくれた方々も含めれば、10万人以上の人が関わった未曾有のチームだった。

†境界のないチーム

未曾有の震災に対するには〝未曾有のチーム〟を作るしかなかった。このチームのユニークなところは、チーム名簿がないことだ。組織の中心はあっても、そもそも組織の内外という〝境界〟がない。あえてNPO団体にしないことで、NPO、行政、企業の方々が、誰でも参加できるようにした。既存のやり方を踏襲するのではなく、〝小さな力を集めて大きな力に〟を戦略的指標とし、それを実現するための新たな仕組みを次々と考案していった。

その際にもっとも機能したのが、〝方法の原理〟だ（第3章）。これは、方法の有効性は〝状況〟と〝目的〟によって変わるというものだ。目的からブレないようにして、現地で状況を見ながら、目的を達成できるよう有効な方法をその都度考えるという考え方を指針として共有した。

たとえば、被災地は避難所が統合されたり、移動したり、通じてなかった道が開通したりと時々刻々変化する中で、数千カ所ともいわれる避難所をまわることはできなかった。そこで、参考になるよう現地での効果的な動き方と、方法の原理といったコンパスとなる考え方だけをメンバーに伝えて、あとは状況と目的をみながらその場で判断してください、としたのだ。そして、支援先となる避難所を増やすために、ホームページからチラシをダウンロードできるようにして、「物資を持って現地に行ける人は、このチラシを持って行って配ってください」と支援物資を届けながら〝営業〟する役割を果たしてもらったのだ。

その人たちも、我々に許可をとって動いているわけではなかった。我々も誰がどこで動いているか正確に把握しないまま、支援先はどんどん広がっていった。7月には1000カ所を超え、物資支援が終了した1年後までに、3000カ所以上の避難所に必要な物資を継続的に届けることができた。

†しなやかな組織作り

その後、次々と新たなプロジェクトが立ち上がり、数十ものプロジェクトを同時並行で運営していく際に、フェイスブックのグループ機能が非常に役立った。各プロジェクトや支部チームごとにグループを作っていった。改めて自分が所属していたグループのみ数えてみたところ120を超えていた。たくさんの人数が集まったチームを機能させるコツがあるとすれば、情報を共有するための何千人単位のグループ（「ふんばろう」でいえばFumbaro_all）のほかに、プロジェクトや機能部門ごとに数百人、数十人といった入れ子のような中小規模のグループを作ることだ。時々グループをみにいけば様子はわかるため、重要案件以外は、「ホウレンソウ（報告・連絡・相談）」は行わなかった。

そしてそれぞれの中でリーダー、サブリーダー2名、会計担当、Web担当、ツイッター担当といったように、できるだけ細分化して役職を引き受けてもらった。「リーダー」

は記号に過ぎない。しかし、具体的な役割を与えられた方が、グループどうしが遠慮しあってお見合いすることなく、それぞれが責任をもって進めやすくなる。最初の頃こそ私が牽引したプロジェクトは多かったが、軌道に乗ってしまいさえすれば、あとはよいリーダーがいればどんどん進むため、できるだけ任せるようにしていた。

また、これは極めて重要なことだが、「縦割りの弊害」が起きないように、メンバーにはできるだけ複数のグループに入ってもらうようにした。そうすることによって、どこかのプロジェクトが山場を迎えたときに、そのプロジェクトのメインスタッフではない人でも状況を把握でき、助っ人としてスムーズに参加できる。状況の変化に合わせて、必要な箇所に人員を集中的に投入できるようにしたのだ。色々なグループに入っていると、帰属意識が分散する。「自分のプロジェクトさえうまくいけばよい」とか「自分のプロジェクトにできるだけ多くのお金を持ってこよう」といった視野の偏狭化に陥らず、全体としてうまくいくという全体最適の視点を保てるようになる。

†SNSにおけるミス・コミュニケーションを減らす

「ふんばろう」はSNSを活用した成功事例として注目された。しかし、支援活動に携わったほとんどの団体が何らかの形でフェイスブック、ツイッターは活用していた。「ふんばろう」が急速に拡大した背景要因として、SNSというインフラが整っていたことがあるのは間違いないが、しかしそれは必要条件であっても、十分条件ではなかった。実際、SNSは両刃の剣のようなところがあり、文面だけのやり取りでは「すれ違い」が生じやすい。たとえば誰かが「それには賛成できません」とか「疑問です」と書いたりすると、書かれた当人は否定されたと感じる。そうすると「なんですかあなたは」といった防衛的な反応になって、さらに「私は思ったことを述べただけです。あなたこそなんですか」といったネガティブなやりとりが続き、肝心の内容の話にならない。そうした非建設的なやりとりは、同時に周囲の人を異様に消耗させる。

そのため、「建設的なやり取りをするための7カ条」をつくって共有した。それは「すべての人間は肯定されたいと願っている」という〝人間の原理〟に支えられている（第4章）。各チームにはネット上のやり取りでは、必ず肯定してから意見を述べるように働きかけた。SNSは便利だが、そうした人間の原理に基づいた考え方とセットにしないと、建設的にコミュニケーションを続けることは難しい。

†感情は論理に先立つ

「論理」の本質は〝追認可能性の高さ〟にある。「1＋1＝2、2＋2＝4ですよね」といった論理の積み重ねは、追ってさえもらえれば「なるほど確かにそうだ」と思ってもらえる。つまり追認可能性の高い理路は、多くの人に了解してもらうことができる。

ところが人間は「気に食わない」と思うと、「耳をふさぐ」や「ちゃんと読まない」といったことができる。つまり「感情は論理に先立つ」ところがある。「お前なんかの言うことを聞くか」と思われたら、どんなに正しい論理でもその意味はなくなってしまうのだ。

そうした感情を契機とした問題は、ほとんどの場合、自分が否定されたと感じることにより生じる。まっとうな論理がまっとうに通じるチームにするためには、感情のもつれが起きにくいようにする必要があり、そのためには肯定的なコミュニケーションをベースにしていかなければならないのだ。

†感謝を忘れたときチームは崩壊する

ボランティアやNPO団体の多くは、内部的な問題がきっかけでダメになっていくと言われている。その大きな契機は、リーダーが限界までがんばり、そこまでエネルギーを傾けて動かない人に対して、「なんでもっとやらないんだ」と否定してしまうことだ。すべての人間は肯定されたいと欲するので、否定されると「自分だって時間と労力を割いてこれだけのことをやっているのに、なんでそんなふうに言われなきゃいけないんだ！」と不満を持つ。サラリーマンなら給料をもらっているから我慢できても、ボランティアには翌日から来なくなる自由がある。

だからこそ、ボランティアはやらないのが当たり前、少しでもやってくれる人には感謝しなければならない。それを忘れると組織は壊れてしまう。ボランティアの場合、お金が目的ではないため、原動力は本人の気持ちしかない。そして、ボランティアのリーダーは、「お願い」はできるが、命令権はない。そういうなかでボランティアの人に動いてもらうには、メンバー自ら「やりたい」と思い、自発的に取り組んでもらうほかないのだ。感謝を忘れたときチームは急速に力を失っていく。

しかしながら、感謝を忘れようと思って忘れる人はいない。「家族」や「健康」がそうであるように、いつのまにか、それが「あって当たり前」になってしまう。だからこそ、日々、感謝を忘れないようにと心がける必要がある。

前線で物資を配る人から後方支援までがいるなかで、一番よくないのは、お互いが「自分のほうが偉い」と張り合うことだ。それでは否定の論理に陥ってしまう。車が走るのは、それぞれのパーツが組み合わさって機能するからであって、ハンドルが一番偉いとか、タイヤが一番偉いなどと言ってもまったく意味はない。「みんながいて、私もこれだけの仕事ができている」ということを認め合い、感謝し合うことが大事だ。

感謝は肯定である。肯定されて嬉しくない人はいない。お金をもらって嬉しいように、感謝されても嬉しい。生じる感情は一緒なのだ。お互いに感謝し合えば、それがエネルギーになる。理想の状態は、お互いに感謝の気持ちを伝えることで「肯定の循環」が起こり、それをエネルギーにチームが駆動していくことだ。

ところで、これはボランティア以外の組織でも使える考え方なのだろうか。ドラッカー（1909―2005）は、「動機づけ、とくに知識労働者の動機づけは、ボランティアの動機づけと同じである」（『明日を支配するもの』ダイヤモンド社）という名言を残している（第4章）。なぜかといえば、知識労働で良いものを生み出すために強制しても、その人の内側から湧き出てくる情熱がなければ本当に良いものを作れないからだ。しかも現代社会は業務が細分化しており、専門の担当者はリーダー以上の力量を求められることから、管理するにも大きな限界がある。そもそもお金を払ってうまくいくなら、すべての企業はうまくいっているはずだが、現実はそうではない。

たとえば、〝感謝の原理〟でいえば、社長がスタッフに対して「給料を払っているのだから働くのが当たり前だ」と思い、スタッフは社長に対して「社長なのだから給料払うのは当たり前だ」と思うことはできるが、そういう否定ベースの組織と、社長が社員に対して「いつもちゃんと働いてくれてありがとう」と伝えて、社員も「こうして働けるのも社長がうまく経営してくれているおかげです」と感謝の気持ちを伝え合う肯定ベースの組織、どちらが成果を上げるかは言うまでもないだろう。

†対立を超える考え方

肯定するのは大事だが、それでも、考えが対立したときはどうすればよいのか。「みなさん、仲良くしましょう」というのは大事なことだが、「賛成」と「反対」の人は、お互いの考え方を肯定することはできない。考えが真反対なのだから当然だ。異なる正しさを信じる人たちによる〝信念対立〟はどのようにすれば解消できるのだろうか（第4章）。

実は「賛成」「反対」で意見がぶつかるとき、その対立の奥には〝関心の違い〟がある。

たとえば、避難所担当の人は避難所の声が聞こえるから、一個でも多くの物資を送ってあげたいという関心になる。一方、ECサイト（電子商取引）を運営しているチームは支援者の声が聞こえるから、支援者に応えたいという関心を持つ。同じチームでも、異なる経験をした結果違う関心を持つので、同じ方策についても「賛成」と「反対」に分かれてしまうということが起こる。

ボランティアをやっている人は、「自分は間違っていない」という確信だけは全員が持つことができる。そのため、「自分は間違っていない」→「間違っていない自分を批判する人が間違っている」という論理になる。犯人はいないのに、相手が犯人だとお互いに思い込んでしまう。そんな冤罪《えんざい》のような対立が簡単に起こってしまうのだ。

これはボランティアに限らず、一般企業であれば、たとえば営業部門と開発部門の対立など、あらゆる組織で起こる問題だ。私はたまたま信念対立を回避するための構造構成主義という理論を構築していたため、こういう現象を読み解いて、メンバーに伝えることができたが、根本的な構造がわからないと、誰も悪い人がいなくても対立によって組織が引き裂かれてしまうのだ。

†「何でもいいから意見を言ってください」はNG

チームでの議論の仕方は、チームの機能を左右する。「何でもいいから意見を言ってください」というやり方は、一見オープンに議論できてよさそうにみえるが、意外と機能しないことも多い。「自由に意見を言いましょう」となると、否定的な意見がいくらでも出てしまい、物事が進まなくなってしまうためだ。そうではなく〝方法の原理〟に基づいて、「今の状況と目的を踏まえた上で、よりよい代案を出してください」とするとよい。

私が、最初の原案（方針）を出した場合でも、あとはみんなで代案を出し合って、具体的なかたちにしていった。この方法のいいところは、みんなでアイデアを出し合って案をつくることで、メンバーにとってその案が「自分のもの」になることだ。「自分がつくったプロジェクトだから最後までうまくいってほしい」という思いが生まれたら、その後も一緒に進めていくことができる。

†チームを運営する強力なツール

「ふんばろう」は被災された方々が自立した生活を取り戻すよう、そのサポートをする目的で立ち上げたため、当初から「最終的には自分たちが必要とされなくなること、つまりなくなることが目的」と言ってきた。そして、約3年半の活動を経て段階的に組織体制を変えてきたが、2014年10月その最終段階に入った。具体的には、「ふんばろう東日本支援プロジェクト」という大きなコンソーシアムは解体して、資金管理に特化した「支援基金」と、「ふんばろう」から生まれた各独立団体からなる新たな体制に移行させたのだ。

チーム運営というのは運動と同じであり、理論さえ知っていればできるという単純なものではない。したがって、本書に書いてある知識を得さえすれば誰でも同じようなことができるわけではないだろう。その一方、闇雲《やみくも》に経験すれば上達するというものでもない。優れた理論を持つ優秀なコーチがいるチームが強くなるのもまた事実であり、正しい知識、優れた理論は賢く努力するための強力なツールになるのだ。

本書で伝えるのは、あるケースには当てはまるが他には当てはまらないといった、通常の「個別理論」ではない。いつでもどこでも例外なく使える原理を基軸とした〝叡智〟である。本書では、機能するチームの作り方はもちろんのこと、物事の本質を捉える視点、構造構成主義の考え方を伝えていきたい。

Column 1　なぜ心理学に進むことになったのか

――西條先生は「構造構成主義」の提唱者として知られていますが、もともとは早稲田大学で「心理学」を専攻されていましたよね。どうして「心理学」だったんでしょうか。

西條　そこから語りはじめるには、中高、大学とやっていたソフトテニスのことを話さなければなりません。高校のとき、ぼくはソフトテニスの部長をやっていたんです。わりと、伝統的に強い高校でした。そこで、「技術」と「メンタル」がともに備わってないと試合に勝てないという「苦い経験」をしたんです。

――テクニックだけでもダメだし、精神力だけでもダメだと。

西條　極端にいえば「技術×メンタル＝パフォーマンス」なので、「メンタルがゼロ」だとアウトプットも「ゼロ」になってしまう。そのことがすごく「おもしろいな」と思ったんです。

――具体的には、どんな「苦い経験」を？

西條　いちばんインパクトが大きかったのは最後の高校総体の団体戦ですね。それなりに強いメンバーで臨んだんですけど初戦で負けちゃったんです。チームの勝敗が決まる最後の対戦相手は、別に強くなかった。サーブも入らないくらいだったんですけど、同じようにこちらもサーブが入らなくて。

抜擢された選手が、ものすごく緊張しちゃったんですね。漫画の『スラムダンク』の桜木花道が陥った「桜木ビジョン」みたいにまったく動けなくなってしまって。

――極度に視野が狭くなってしまうという……。

西條　実力はあったのですが、初めての総体でいきなり試合に出されて、相当プレッシャーを感じたんでしょう。ラケットの真横をボールが何事もなく通過していったり……。ボールも相手の動きも見えていないし、ぼくらのアドバイスも、聞こえていない。そんなふうにして負けてしまったことにものすごく理不尽を感じたんです。だって、選手たちはみんな、朝から晩まで猛練習してきたわけですから。

――でも、そういうことって、多かれ少なかれ、誰にでも経験がありそうですよね。

西條　そうですね。やはり、どんなに鍛えてもメンタルの出力が「ゼロ」になってしまうと結果を出すことができない。そのことを「理不尽だ」と思うと同時に「心って、すごいな」「おもしろいな」と思ったんです。それが、心理学に興味を持ったきっかけです。

第2章

どんなチームを作るのか
――「価値の原理」

1　チームの骨格――目的・理念・ビジョン

†チームとは何か

　そもそも〝チーム〟とは何か。似たようなコトバに「グループ」があるが、それとどうちがうのか。「野球チーム」「サッカーチーム」とは言うが「野球グループ」「サッカーグループ」とはあまり言わないことからも、〝チーム〟というのは単なる集団を超えた、「何らかの目的を実現するために結成されたもの」というニュアンスがあることがわかる。また「チームワークがよい」というときには、何らかの目的に対して、1＋1＝2以上に機能する（ワークする）というニュアンスがある。こうしたことからもチームは〝目的達成を前提としている〟と言えるだろう。

　それに対してグループとは、たとえば「仲良しグループ」というように、必ずしも目的達成を念頭においていない場合も多い。そうした意味で、「グループ／チーム」という対比は、より大規模なものとして「集団／組織」という言葉に置き換えることもできるだろう。集団とは単なる人の集まりであるのに対して、組織とは「何らかの目的を達成するための有機体」なのである。

つまり、チームや組織とは目的達成のために作られるものである以上、何をするにも、その目的が決定的に重要になるのだ。したがって、まずリーダーがやるべきことは、チーム作りのすべての判断基準になる「目的」を明確にすることである。どういうチームメンバーが必要で、どのような戦略が有効で、どういうリーダーシップが求められるのか、すべてこの「目的」を抜きに考えることはできない。

†「目的」を注意深く明文化する

では、目的を設定する際には何に注意すればよいのだろうか。「ふんばろう」を立ち上げたとき、このプロジェクトの目的は「被災者支援」ではなく、「被災された方々が自立した生活を取り戻すサポートをすることである」と宣言した。なぜか。「被災者支援」を目的としたならば、支援すればするほどよいということになり、ややもすると過剰支援になってしまい、支援に依存する被災者を生み出しかねないためだ。

また支援者もなまじやりがいがあるだけに、「支援者がいなくなったら困る」という本末転倒が起こり、支援活動に依存する人が出てくる危険性もある。このように、目的はすべての判断の基点となるため、末尾に至るまで注意深く明文化していく必要がある。

†目的に忠実であることの重要性

「被災された方々が自立した生活を取り戻すサポートをすること」。これは一見すると当たり前であり、どんな支援団体もそうした活動をしているはずだと思うかもしれない。しかし、必ずしもそうとばかりは言えない。たとえば、日本赤十字社は、仮設住宅に入居した被災者に対し家電6点セットの支援は行ったが、被災した自宅に戻った人には家電の支援を行わなかった。人ではなく、場所に支援したのである。ところが実際には、冷蔵庫や洗濯機といった必需品ともいえる家電は一階にあったため、それらはすべて津波によって流されており、自宅に戻った人も仮設住宅の被災者と同様、非常に困っていたのだ。

そこで我々は、日本赤十字社の支援を受けられない個人避難宅2万5000世帯以上に家電を支援した。もし日本赤十字社が「被災された方々が自立した生活を取り戻すサポートをすること」という目的を掲げ、その目的を達成するための施策を忠実に行う組織であったならば、自宅に戻った人はもちろん、被災地から出て全国に避難した人にまでそうした支援を行い、さらに多くの人々を助けられたに違いない。

また、ほとんどの支援団体は一生懸命取り組んでいたのだが、ときに支援活動を企業の営利活動と同じアナロジーで捉え、「パイの奪い合い」のような本質から外れた言動を目にすることもあった。現地では「縄張り争い」のようなこともあったようだ。本質からブレないために、私は「自分たちと目的を共有する人は、ふんばろうの内外関係なく同志なのだから、その目的が実現できるなら誰がどんな形でやってもよいのだ」といったことを繰り返しメンバーに伝えるようにしてきた。

自律的なチーム作りに必要なこと

実際、本当に目的に忠実になれば、活動の自由度はかなり広がる。なぜならそこには〝自分たちの手で〟被災された方々が自立した生活を取り戻すサポートをすることとは書いていないためだ。だから「ふんばろう」では、自ら50以上のプロジェクトを実施する一方で、現地で信頼と実績のある「ふんばろう」以外の20以上の団体にも定期的に資金提供を行ってきた。そのほうが簡単かつ確実に現地のために役立つことができるからだ。

自社利益の追求を目的にする企業ならば、他の組織を支援するようなやり方には文句を言う人が当然出てくるだろうが、サポータークラブの会員も我々の目的を理解していたためであろう、他団体への資金提供に対して文句を言う人はただの一人もいなかった。とにかく、現地のために役立てばよいという本質からブレないことで、活動の自由度は格段に広がったのだ。

人間は把握した本質に沿って行動することが可能になる。したがって、物事のキー・ポイントを明晰に理解することで、そのポイントからブレずに、自覚的に実践することができるようになる。そして〝本質を包含した目的〟は、どんな状況でもそこに立ち戻ってゼロベースで考え、しなやかに行動することを可能にしてくれる。リーダーに頼らない自律的なチーム作りに必要なことは、まずそのチームの目的を明確化し、それをメンバーに常に意識させ、それを基点にそれぞれが判断できるようにすることなのだ。

†理念こそ意思決定の重要な指針

チームとは目的を達成するために作られるものであり、すべての価値判断は目的（関心）に応じてなされることから、「目的」を抜きにどのようなチーム編成、規模、戦略、戦術がよいかを議論することは原理上不可能だ。したがって、チームの活動の方法も成否もすべてその目的に照らして判断される。ゆえに、まずはすべての判断指針となるチームの目的を明確にしなければならない。

この「目的の明確化」は「チーム（組織）の理念」にもつながってくる。それは、目的の抽象度を上げて、その本質を象徴的に言い当てたものであり、そのチーム（組織）の目指すべき方向を端的に示したものと言えるだろう。

私は「ふんばろう」の最終目的は〝なくなること〟と宣言した。本来、支援が必要な被災者がいないのが理想の状態だ。したがって、必要とされなくなった時点ですみやかになくなること。それが「ふんばろう」の目指すべき方向性であることを示したのだ。

こうした理念はそのコンセプトの凝集性ゆえに、特に意思決定の際の重要な指針となる。事実、「ふんばろう」では、3000カ所以上の避難所、仮設住宅、個人避難宅エリアをサポートした物資支援プロジェクトは1年で終了、家電プロジェクトも家電を2万5000世帯に配布したが、夏の扇風機から冬のコタツといった冬物家電まで一通り行った時点で終了させた。

すべてを失った被災者が自立した生活を取り戻すための物資支援や、津波により失った家電を補填することは必要な支援だが、そのステージを終えたらすみやかに撤収することで、地元の経済活動に弊害が出ないようにしたのだ。

そして「ふんばろう」自体も、3年半以上が経過し、各団体が独立できる体制が整ってきた状況をもって、数十のプロジェクトをたばねる大きなチームとしての役割を終えたと判断し、発展的に解消させた。

さらに資金的にも、活動を継続する独立団体を2年はサポートできることから、1000名以上のサポーターから毎月定額の寄付が入ってくる仕組みも必要なくなったと考え、停止させた。ふつうであれば「せっかく自動的に資金が入ってくるのにもったいない」と考えるだろうから、こうした意思決定をする組織は極めて稀であろう。むしろ、多くの場合、一度利権を得た組織は、それを維持すること自体が目的となってしまう。

しかし、「なくなることが目的」という理念をチームに浸透させることにより、目的と状況を勘案して必要なくなったと判断したプロジェクトはすみやかに解体し、理念に沿った意思決定をすることが可能になったのだ。

†理念の共感機能

「理念」は、組織を象徴するものであるため、人々が共感を得るポイントにもなる。「ほぼ日刊イトイ新聞」での対談に私を招いてくださり、「ふんばろう」の普及の起爆剤となった糸井重里氏は、震災から1年経過した際のインタビューで次のように述べている。

「組織で何かやるときって、特にいいことのほうがひどいんでしょうけど、その組織そのものを大きくしようっていう動きになりがちなんだけども、「ふんばろう」については西條さんの元々の考えがあるからでしょうけど、〝最終的にはなくなったほうがいい組織〟なんだよね。そこのところを大事にしているっていうのが、僕は自分が求めていることに近いんで。そこのところが一番好きですね」(http://wallpaper.fumbaro.org/en_kizuna/movie)

また一個人としてメールをくださり、著名人を集めたチャリティを通して「ふんばろう」の自立支援系プロジェクトを支援した宮本亜門氏は、インタビューでこう話した。

「「ふんばろう」がすごくおもしろいというのは、NPOが悪いわけではないけど、NPOではなくて、みなさんが個人で自分の仕事とか生き方をそれぞれなさっている人たちが

集まって、目的がこれがなくなることだということなんですね」（前掲URL）

二人とも「なくなることが目的である」という理念に共感してくれていることがわかる。組織の目的を達成したならば、組織の定義が何らかの目的を達成するための機能体である以上、その組織はなくなるべきである。そうした明確な理念の上に成り立っている支援組織を応援しようと思った、ということなのであろう。

†理念とは価値観が表明されたもの

人間は何を言ったかよりも、何をしているかをみている。それらが矛盾するとき、行動にその人の（チームの）〝ほんとう〟が現れているとみなす。そのため、理念が素晴らしいと共感しても、やっていることが全然違えば人は離れていく。

理念とは、価値観が表明されたものといってもよい。根本的な価値観が合わない人がうまくやっていくことは難しいように、理念に共感して入社してきた新入社員も、会社の実態が理念と真逆であると悟ったならば辞めてしまうだろう。だからこそ、リーダーであれば、理念に忠実に意思決定し、行動することが求められるし、それを他のメンバーにも浸透させる必要がある。

理念とはチームの目的を象徴する〝本質〟と言える。したがって、まずチームの理念を明晰にしていくことは非常に重要な作業になる。理念を語るとき、その想いと言葉は借り物であってはならない。なぜかといえば、その人が本気で実現する価値があると思えば、その情熱が伝播するし、逆に心の底から思っていなければ、それも伝わってしまうからだ。

しかし、理念は抽象度が高く、概念的でもあるので、すぐに見えてこないことも少なくない。最初はぼんやりしていてもよい。ふとしたときに「ああ、これだ！」と思わず膝を打つような、腑に落ちる言葉が降ってくるときがある。あるいは、活動する中で、思わず口に出た言葉や誰かの言葉がそのヒントになることもあるだろう。

†思考停止してはいけない

思わず、膝を叩くようなアイデアというのは、「天啓」「閃《ひらめ》き」「降ってくる」という言葉で表現されるように、偶発的産物という側面も少なくない。そのためこうすれば必ず思いつくという「ところてん方式」のような方法論は存在しない。

しかし、腑に落ちないアイデアは却下することができる。理念を明確化するときに大事なことは安易に「これでいいや」と思考停止してはいけない、ということである。

腑に落ちる答えが得られるまでは、不明瞭であることを自覚しながら、「このチームが最も重視すべきことは何か？」「この組織の存在意義は何か？」と問い続けることだ。また最もシンプルで効果的な方法は、チームメンバーで話し合うことだ。そうすれば必ずあるときに、これだ！　と思える瞬間がやってくるだろう。

†理念の本質とは何か

それでは理念の本質とは何かあらためて考えてみよう。

理念の本質（1）：「理念」とは、組織が大切にする価値観を表明したものだ。根本的な価値観が違う夫婦がうまくやっていくことができないように、価値観の違う組織と人はうまくやっていくことはできない。これは合うか合わないかの問題であり、どちらが正しいということではない。したがって、いかに立派なものであっても、本当に思ってもいないことを理念にしても、意味はないどころか、チーム離れ（離婚）を招くだけになる。

またよくダイバシティー（多様性）が大事だといわれるが、根本的な価値観を同じくしていなければ、ただのカオスにしかならない。メンバーの能力のみに目を奪われがちだが、価値観が違うということは、違う価値観のルールブックを持っているということだ。同じ価値観に基づくルールブックがないと、何かと軋轢《あつれき》や齟齬《そご》が生じやすく、チーム全体のエネルギーが削《そ》がれてしまい、チームは機能しなくなってしまう。価値観を同じくする多様な個性、能力を持つ人を集めること、この〝理念に基づくダイバシティー〟こそ、チームを作る上での戦略的指標とすべきものなのだ。

チームを作る際の理想のイメージは〝根本的な価値観が同じでうまくいっている夫婦〟と言える。心の底から大事にしている価値観を表明し、それに共感するメンバーを集めることで、それぞれの長所を持ち寄り、短所を補い合う機能的なチームを作っていくことができる。

理念の本質（2）：「理念」とは、組織が目指すべき方向性や足並みを揃えるための〝組織のコンパス〟というべきものである。したがって、そのコンパスの精度が悪ければ（理念が不明瞭であれば）足並みが揃うことはない。極端な話、真逆の方向を指すコンパス（価値観）を持っている人は、歩けば歩くほどどんどん離れていってしまう。同じ方向を指す精度の高いコンパスを組織の全員が持つことによって、それぞれが自律的に行動しながらも、同じ目的に向かって足並みを揃えることが可能になるのだ。

理念の本質（3）：「理念」とは、それが失われたら存在している意味がない、というほどに最も堅持すべきものであり、それに照らして意思決定をすべき〝組織の憲法〟である。人間は言葉より行動の方を信じる。組織の理念に反する意思決定をしていたら、やはり理念に共感して集まってきた人の気持ちは離れていくだろう。

以上の（1）〜（3）から、「理念」とは〝組織を導く本質〟と言える。そのように理念の本質を捉えたならば、理念を言語化し、それに沿ってチームを運営することが、いかに本質的に重要なことかわかるだろう。

†ビジョンとは何か

「理念」と似た言葉に「ビジョン」というものがある。理念とビジョンは何が違うのか。チーム作りにはビジョンが重要だといわれるが、ビジョンとは何なのだろうか。

結論からいえば、「ビジョン」とは、組織が目指すべき将来像をスケッチした〝下書き〟

と考えればわかりやすい。下書きがあれば、みんなそれぞれに、「では自分はここの家の屋根を担当して色を塗ろう」とか、「自分は壁を塗っていこう」といった形で、それぞれがビジョンの具現化に向かって自律的に活動していくことができるようになる。

また、その下書きが「おお、これは実現したら素敵だぞ」という魅力的なものであるほど、人はそのビジョンを実現させるために協力したいと思うだろう。リーダーは、組織の目的を達成したときに、何が具現化するのか、社会はどんな風になるのか、人々に何をもたらすのかを含めて、そのビジョン――未来像――を伝えることが大切だ。

ビジョンには、(1)理念に近く組織が目指すべき大きな方向性として機能する〝ビッグビジョン〟と、(2)より具体的な〝個別ビジョン〟がある。これを分けて考えるとビジョンを立てやすくなる。いずれも鮮明にイメージできるものほど、実現に向けて、多くの人が自律的に動きやすくなるため、ビジョンを作るときはその点を意識するとよいだろう。

†「ふんばろう」が掲げた二つのビッグビジョン

「ふんばろう」をあらためて〝ビジョン経営〟という観点から読み解いてみる。まず「ふんばろう」におけるビッグビジョンは、次のようなものであった。
「この悲惨な出来事を肯定することは決してできないが、あのことがあったからこんなふうになれたと思うことはできる。それがぼくらが目指すべき未来なのだ」

これはもともと東日本大震災から5日後の2011年3月16日、自分自身が前に進むために書いたものだ。「ふんばろう」を運営するにあたっては、折に触れてこの言葉をメンバーと共有することで、長期にわたって活動を続ける大きな推進力となった。

もう一つ掲げたビッグビジョンは〝総合支援のプラットフォームになること〟だった。「被災された方々が自立した生活を取り戻すサポートをすること」という目的を実現するには、物資から心のケア、雇用創出に至るまであらゆる支援が必要になる。「ふんばろう」のホームページをみれば、必ずそれぞれが関心のあるプロジェクトがみつかり、支援金やボランティア活動を通して支援できるものにしようと構想したのだ。

その結果、物資支援プロジェクトから始まったプロジェクトは、重機免許取得プロジェクト、家電プロジェクト、PC設置でつながるプロジェクト、ミシンでお仕事プロジェクト、おたよりプロジェクトといった様々なプロジェクトが立ち上がった。最初は私が主導でそうしたプロジェクトを立ち上げたのだが、その他にも〝総合支援のプラットフォーム〟というビジョンのもと、「ハンドメイド」「手に職・布ぞうり」「ものづくり」「動物班」といったプロジェクトが自律的に立ち上がっていったのである。こうして「総合支援のプラットフォーム」と「目指すべき未来」というビッグビジョンが組み合わさり、多岐にわたるプロジェクトが実現したのだ。

もちろんビジョンさえあれば、自動的にそれが実現するなどということはない。そのビジョンを実現するための考え方や仕組み、制度、人材、行動が必要なことは言うまでもない。しかし、「総合支援のプラットフォーム」というビジョンがなければ、個々のメンバーから自律的にプロジェクトが立ち上がることはなかったのも確かなのだ。チームはビジョンを軸に駆動するのである。

†ビジョンが過去・現在・未来をつなぐ

次に、最初のプロジェクトである物資支援プロジェクトに焦点化して、そこで機能したビジョンの力を確認してみよう。それは全国の支援者が、〝必要としている人に必要としている物を必要な分だけダイレクトに支援できる〟という仕組みであった。それによって困っている人が必要なものを受け取って喜んで使ってくれる。さらに、被災者からお礼の手紙や電話がかかってきて、自分が行った支援の意味を実感することができる。全国の、何かしたくともどうすればよいかわからない人にとって、これは魅力的なビジョンだっただろう。

そのビジョンに導かれ、その仕組みを通して、3000ヵ所を超える避難所、仮設住宅、個人避難宅エリアをサポートすることになった。こうして「ふんばろう」は全国の支援者と被災者をつなぐ「物資支援のプラットフォーム」として支援活動の一端を担ったのだ。

そうした仕組みは立ち上げた当初から、〝未来の支援のかたち〟として、他の災害にも活用されるであろうと確信した。したがって、その仕組み自体を広めていき未来の命を救うこともビジョンに含めた。その結果、2012年7月の九州北部豪雨による災害や、2013年10月の台風26号による伊豆大島大規模土砂災害などに、この仕組みは活用された。そして「ふんばろう」の物資班の有志が、物資支援の仕組みや特徴、反省点、課題などをまとめた。

現在、それらを踏まえ、震災の教訓を活かして次の震災時に一人でも多くの命を救うことを目的とした「スマート・サバイバー・プロジェクト」が本格始動している。そこでは「ふんばろう」の物資支援の仕組みを発展させた「スマート・サプライ・システム」を構築し、災害時にはすぐに起動できるよう防災教育と連動させるかたちで平時から実装する試みが、「必要としている人に必要としている物を必要な分だけダイレクトに支援できる」というビジョン（下書き）の完成に向けて進んでいる。

†価値とは何か

チーム作りに役立つ原理が〝価値の原理〟である。価値の原理とは、〝すべての価値は目的や関心、欲望といったものに応じて（相関して）立ち現れる〟というものだ。普段、雨が降ってきたら嫌がる人も、災害でライフラインが断絶していれば、雨水は貴重な価値のあるものとして立ち現れる。価値とはどこかに転がっているモノではない。必ず特定の欲望、関心や目的といったものに相関して立ち現れるものなのだ。

したがって、この文脈でいえば、チームの目的や理念を抜きに、どういうチーム編成がよいとか、どういう戦略がよいといったことを議論することはできない、ということだ。

たとえば、SWATのような、一般の警察では対応しきれない凶悪犯罪に対する目的のための特殊部隊を作ろうとしたときと、愛情豊かな子どもを育てるための保育者のチームを作ろうとしたときとでは、求められる理念、メンバー、リーダーシップといった方法は決定的に変わってくる。

「何がよいか」と問う前に、必ず「何をしたいのか」を明らかにしなければならないのだ。だからこそ、目的や理念、ビジョンを明確にすることが最初の最重要ポイントになるのである。

†「個別理論」と〝原理〟の決定的違い

構造構成主義でいう「原理」とは信じることを求めない。むしろ疑い、吟味し、検証してください、というオープンな姿勢を基本とする。〝価値の原理〟が、いつでもどこでも例外なく妥当する原理と言えるか確かめてみてほしい。

たとえば、お金は一見万能にみえるが、関心や目的と無関係に絶対的な価値があるといえるだろうか。溺れて死にそうになっているときお金を渡されてありがたいと思う人はいないだろうから、やはり絶対的なものではないだろう。むしろそこでの関心――助かりたいという思い――からすれば、一個の浮き輪が掛け替えのない価値として立ち現れることになるに違いない。では、子どもはどうだろうか。我が子は命に代えても守るべき絶対的価値といえるかもしれないが、関心のないあかの他人からみたらその他大勢の子どもと同じ価値しかないだろう。

そのように極端なケースも含め、様々なケースを想定し、本当に例外がないと言えるか徹底的に吟味してみるのだ。そして、なるほど、確かにすべての価値判断は関心や目的に応じて立ち現れていると言わざるをえないなと納得できたならば、あなたにとっていつでもどこでも洞察できるツールを手に入れることができた、ということなのだ。

経験則や経験（エビデンス）の積み上げにより構築された「個別理論」は例外があるため、一般化することはできない。しかし、批判的吟味を通して〝例外なくそのように言える〟と確かめられた〝原理〟は、経験に基づく個別理論と異なり、いつでもどこでも普遍的に洞察できる〝視点〟として活用することが可能になる。

さらに、原理的に考える限り、そのように考えるほかないという強靭な理路に支えられているため、立場や流派や専門分野の壁すら超えて了解される深度を備えている。これが行動科学ベースの通常の組織行動にはない、構造構成主義に基づく組織行動論（本質行動学）の最大の意義と言ってよい。

2 リーダーシップとは何か

†はじまりは「ダメなリーダー」

よいチームにはよいリーダーが必要だ。では、〝リーダーシップの本質〟とは何だろうか。チームは、単なる人の集合体ではない。何らかの目的を達成するために作られるのがチームである。したがってチームリーダーとは、チームを目的達成に導く存在と言える。言い換えれば、リーダーシップとは、チームを目的達成に導く力なのだ。

今になって、チームリーダーとしての自分の歴史をふりかえってみると、最初は相当ダメなリーダーだったと言わざるをえない。

私がいわゆるチームリーダーのポジションについたのは、高校生のとき軟式庭球部の部長になったときである。県でも上位入賞したことがあるそれなりに強いチームだったが、最後の総体の団体戦では、最終目標としていたインターハイ出場が果たせなかったどころか、あろうことか初戦で負けてしまった（コラム1参照）。未熟なリーダーに導かれるチームの努力は報われないという典型であった。

前例を疑うことを知らず、厳しければ厳しいほどよいと思い込み、なまじ真面目だっただけに前例を強化していった。休み時間以外給水はしない。練習に休日はなし。ハードすぎる練習により怪我が絶えず、チームやパートナーに迷惑をかけていた。ブレずにチームを引っ張るリーダーがよいリーダーであると思い込み、部員の話に耳を傾けなかった。あまりに独裁的だったためだろう、同期も含め主要な部員全員から総スカンを食らったこともある。クーデターが起きたようなものだ。それも、起きるべくして起きたことが今となってはよくわかる。チームを導く力が足りなすぎたのだ。

その後、大学では体育会系の同好会、大学院でも大きな研究会を立ち上げたりと、チームを率いる経験を重ね、また学問的な観点から機能する組織作りの方法論を構築していった。そして2011年、東日本大震災が起きて、「ふんばろう」を立ち上げることになり、日本最大級の総合支援組織と言われるようになるほど大きな成果をあげることができた。しかし、それはリーダーシップの才能があったからではない（もしそれがあったなら最初からうまくやれただろう）。若い時は、やる気はあったもののチームをうまく導く方法がわからなかったのだ。今でも時々当時のことを思い出すと、あのときの自分に教えてあげられたらな、と思うことがある。

私は決して器用なタイプではない。苦い経験を経て、なぜうまくいかないのか、どうすればよいのかと問いを立て、構造として理解することで、ようやく人並みのことができるというところがある。不器用ゆえに、そうして学問的に積み上げてきたものがあったからこそ、千年に一度といわれる大震災下で多くの人に手を差し伸べるチームを作れたのだと思う。

ところで、リーダーシップは、組織行動（組織心理学）の中でも最もよく研究されてきたテーマの一つでありながら、「まだまだわかっていないことが最も多い領域」（金井寿宏著『リーダーシップ入門』日経文庫）と言われている。またリーダーシップに関するノウハウ本も山のように出版されているが、だからといって日本人のリーダーシップが向上しているという話は聞いたことがない。なぜそうしたことが起こるのだろうか。詳細な論証は他の機会に譲り、ポイントだけ伝えると、第一にリーダーシップ研究が科学的アプローチによる落とし穴に嵌《は》まっており、その本質を捉え損ねていること、第二に様々な知見やノウハウを使いこなすための〝メタ方法論〟がなかったことに起因する。

したがってここでは、〝リーダーシップのメタ方法論〟、すなわち俯瞰《ふかん》した一段上位の観点から、自分を最大限に活かすリーダーシップの方法をお伝えしていきたい。

†リーダーシップのメタ方法論

以下、様々なリーダーシップ論を使いこなすための〝メタ方法論〟となる考え方と、〝リーダーシップの本質〟を明らかにしていく。

方法の有効性は状況と目的に応じて決まる。これが〝方法の原理〟である（第3章）。これによれば、リーダーシップが組織の目的達成に導く方法である以上、よいリーダーかどうかはその組織（チーム）の状況と目的を抜きに考えることはできないことになる。アメリカの心理学者マズロー（一九〇八－七〇）も『完全なる経営』（日本経済新聞社）において、インディアンのブラックフット族で観察された例を挙げ、たとえば、戦闘部隊のリーダーは誰もが部隊を率いるのに最適と認める人物であり、家畜の飼育においてはそれに最も適任の人物がリーダーを務めたと指摘している。つまり、あるチームでは立派なリーダーが、別のチームではリーダーとして最も不適格とされる場合もありうるのだ。マズローは「狩りに出かけるときなら私は自分より腕の立つ機能的リーダーの命令に喜んで従うだろうが、話が出版のこととなれば、同じ人物の指示に従うことなど考えられない」と言っている。これは至極まっとうな指摘と言うほかない。

どういう状況で何をしたいのかを抜きに、どういうリーダーがよいリーダーか、あるいは、どういうリーダーシップがよいかを論じることは意味がないのだ。

リーダーシップをとるのは誰か。それは科学的に一般化されたAさんでも、平均的な振る舞いをすると仮定されたBさんでもなく、「あなた」なのである。常に「状況」の真ん中にはリーダーシップをとる主体となる「自分」がいる。その「あなた」がどういう人かを抜きに、よいリーダーシップのあり方を考えることはできないのだ。

こういうときは極端な例で考えるとよくわかる。あなたが戦国時代の武将だったとする。戦国最強と称される上杉謙信――自らを武神毘沙門天の化身と称し、川中島で武田信玄を度々破り、手取川の戦いで織田信長を完膚なきまで叩きのめした――のように、戦術、武術ともに天才的な武将だったら、自分が先頭に立って突撃していくリーダーシップも機能するだろう。しかし、まったく腕に自信がないのに、兜《かぶと》をつけることなく僧衣姿で陣頭指揮を取り突撃しても、すぐに討ち死にするのがオチだろう。

リーダーシップとは、特定の状況下でチームを目的の実現に導く方法であった。そして状況の真ん中には自分がいる。したがって、リーダーシップとは、(1) 特定の状況下で、

（2）自分を活かして、（3）チームの目的を実現するための技能ということができる。これがリーダーシップのメタ方法論というべき考え方になる。

†性格は変えられない

500年の年月を経ても色あせないリーダーシップ論の最高峰『君主論』で、マキャベリ（1469―1527）は次のような本質的な問いを立てている。

「ところで、もっとつきつめて見ていくと、ある君主が、きょうは隆盛をきわめているのに、あくる日は滅んでしまうようなことがよく起こる。しかも、この君主の心情または気質はその間なにひとつ変化したとはみえないのに、こういうことが起こるのはなぜか」（『世界の名著16　マキアヴェリ』中央公論社）

この「君主」を「社長」と置き換えれば、現在も同じことがあちこちで起きていることがわかるだろう。マキャベリは、次のように答える。

「もし、時節や事態が慎重に忍耐づよく国を治めている君主に適していれば、隆盛へと向かうのである。だが、時節も事態も変化したのに、その君主が行き方を変えないとすれば、衰える。しかし、こうした状勢に即応できるような賢明な人間は、実はなかなかいないものである。

その理由は、人間は持って生まれた性質のままに傾きやすく、そこからとても離れられないものだからである。またもう一つの理由は、一つの道を進んで繁栄を味わった男は、その道から離れる気にはどうしてもなれないからである。」(前掲書)

なぜ長期間にわたり〝よきリーダー〟として統率できないのか。それはリーダーが状況の変化に合わせて自分の性格を変えられないからであり、また成功体験の呪縛《じゅばく》により自分の道を離れる気になれないからなのだ。つまり、人間は成功した方法で失敗するのだ。

――では、一体どうすればよいのだろうか?

まずは、「己を知る」ことだ。

自分自身を俯瞰して捉え、分析し、自分の癖や傾向、向き不向きなどを理解することだ。

ここではマキャベリが挙げている「果敢にやる者」と「慎重にやる者」という対比から考

えてみよう。

「運は変化するものである。そこで、人が自己流のやり方に固執すれば、運と人の行き方とが合致するばあいにおいては成功するものの、不一致のばあいにおいては、不幸な結末をみるのである。」（前掲書）

マキャベリは「用意周到な男は、いざ果敢にふるまう時節がやってきても、腕をこまねいているばかりで、破滅してしまうのである」と述べる一方で、果敢な者の代表格としてユリウス二世を高く評価しながらも、「彼は短命であったから、逆の経験はせずにすんだのである。もし慎重な行き方が要求される時期にみまわれていたとすれば、彼は結局、破滅の道を歩んだであろう。彼は持って生まれた性質どおりの態度をけっして捨てきれなかったにちがいないのである」と述べている。

人は「果敢さ」と「慎重さ」、そのどちらかしか持っていないというものではないが、多くの場合、どちらかに偏っているものだ。自分がどちらのタイプかを考えるときには、果敢に攻めすぎて失敗したことと、慎重に構えすぎてチャンスを逃したことなど、失敗のパターンを振り返ってみるとよい。私にもどちらの要素もあるが、その本質は「果敢」なタイプだと思っている。時に果敢すぎることの弊害はあっても、慎重すぎることによる弊害は思い当たらないからだ。

チームを立ち上げ、導くタイプのリーダーには果敢なタイプが多いだろう。特に、新たなフロンティアを開拓したり、誰も成し遂げたことがないことを成し遂げる場合には、果敢にチャレンジするタイプが機能する。私も果敢タイプでなければ、まだ福島原発がどうなるかわからなかった2011年4月時点に、被災地入りすることもなかっただろうし、未曾有の状況下で、誰もやったことがないプロジェクトを押し進めることはできなかっただろう。

ところがプロジェクトでも事業でも、立ち上げて軌道に乗った後には、安定を維持した上で物事を進めなければならないステージがやってくる。このときに、それまで機能していた果敢さが同じように機能し続けるわけではない。なぜならチームを取り巻く「状況」が変わっていると同時に、チームの「目的」も「立ち上げること」から「維持・発展させること」に変化しているからである。どういうやり方がよいかは状況と目的によるため、果敢に攻めることと慎重に守ることとの割合を、状況と目的に応じて変えていかなければならないのだ。

†欲望で歪められた知性は〝正しく〟不正解を導く

リーダーシップが組織の目的を実現するための技能である以上、どのようなリーダーシップがよいかは、状況と目的に応じて変わる。そして、状況の真ん中にはリーダーシップをとる主体となる自分がいるため、あなたがどういう人かを抜きにして、よいリーダーシップのあり方を考えることはできない。

そのため、リーダーとなるものは、まずは俯瞰して自分の思考や行動に関する傾向を把握しておくことが重要になる。それによって自分の性質の偏りを自覚すれば、その反対の側面を意識することで状況に応じてバランスをとることもできる。

とはいえ、それは簡単なことではない。人間は欲望や、不安や怖れといった感情を持っており、それが正しい現状把握や予測を誤らせることになる。他人のことなら客観的に見ることができ、正しく予測できる人も、自分のこととなると途端に難しくなるのはそのためだ。そして、余裕のある状況であれば「自分はこういうタイプだ」と把握できていても、渦中にいるときは何が正解かわからなくなることも多い。

欲望により現実を歪んで把握していたならば、どんなに知性を巡らし、戦略を積み上げても、〝正しく間違える〟ことになる。

このことの恐ろしさを、経験を重ねてきたリーダー（経営者）は身をもって体感している。経営者には瞑想や禅に取り組む人が多いが、それは精神を明鏡止水に保つことで、自我や欲望から距離を置き、不安や怖れがない穏やかな状態から物事をみられるようにするためだ。それは、感性を整え、知性を最大化する方法でもあるのだ。

しかし、それでもなお、自分というフィルターを通さざるをえないため、自分の判断が妥当な〝予測〟なのか、あるいは自分がそうなって欲しいと望んでいるからそう見えているにすぎない〝欲望の産物〟なのか、ときにわからなくなる、ということが起こるのが人間である。

†信頼できるメンターの存在

では、どうすればよいのだろうか。一番効果的なのは、あらゆる意味で信頼できるメンターに相談したり、メンタリングセッションを受けたりすることだ。実は、私自身「ふんばろう」を運営するにあたって、そうしたセッションを受けられる場があり、そのことが非常に大きな助けになった。

たとえば、「西條さんは優しいから、ついてこられない人がいた時にその人もケアしようとする。でも、今はプロジェクトを大きく前進させなければならない時で、そこにエネルギーをかけると前進する力が弱まるため、今は気にしなくてよい。プロジェクトが安定し、余裕が出てきたら後からフォローすればよい」といった細やかな助言を受けることで、迷いなくプロジェクトを推進することに注力できた。

迷いながら進めるのと、迷いなく進めるのでは、かけられるエネルギーは何倍も違ってくる。大きく成果を出さなければならないとき、そのエネルギーの違いはさらに何倍もの成果の違いとなって現れる。

またそうしたセッションを通して、最初の時点で「プロジェクトは軌道に乗ったら、状況をみながら徐々に独立させていき、現地主体に変えていく」というビジョンが得られたことも大きかった。そうした見通しがあるなかで進められるか、見通しがないなかで暗中模索するかは、真っ暗な峠の道を車で走るときに、ずっと先まで照らしてくれるライトがあるかないかぐらいに違ってくる。

†感性が似ている「第三者としての自分」を探す

しかし、そうした機会のない人はどうすればよいのだろうか。当たり前のようだが、チームのよいところは、自分だけでやらなくてよいことだ。「他者」をチームに入れられるため、自分の性格を変えることはできなくとも、周囲にいる人間を含めてシステムとしてバランスをとることはできる。果敢な人は慎重タイプを側近に置くのである(あるいはその逆もある)。

その際には自分と似た感性を持っている人がよい。「この人なら同じ出来事に対して同じように感じ、同じように判断をするだろう」と思える人だ。そういう自分と同型の感性を持つ「他者」は、いわば自分から欲望を抜いた〝客観的な自己〟のようなもので、そうした人は妥当な意思決定をする際に大きな助けになってくれる。

†人は「言っていること」より「やっていること」で判断する

ただし、いかにそうした人を身近に置いて「どんどん意見を言って欲しい」と口では言っていても、せっかく言ってくれた意見をスルーしたり、苦言を呈してくれた人を冷遇したりすれば、誰も意見は言ってくれなくなる。人間は言っていることではなく、やっていることをみているのだ。

進言するということは、真剣に考えてくれていることにほかならず、たとえそれが自分の意見と違っていたり、若干的外れに感じるところがあったりしたとしても、意見を言ってくれたこと自体に感謝して、ありがたく思っているという気持ちをしっかり伝えていかなければ、思っていることを言ってもらえなくなる。そうなると、周囲の人からみたら「絶対にやめたほうがよいのに」という方向に組織（チーム）が突き進むことになり、組織は破滅的な事態に陥ることになる。

こうして第三者からすれば、「失敗するとわかりそうなものなのに、なぜそのような事態に陥るのだろう」という、不可解とも思える失敗を犯すことになるのだ。

一方で、反対意見や苦言を呈するタイプの人ばかりだと、ブレーキばかりかかって、前に進むものも進まなくなるということもあるし、やはりその中にすべてを肯定してくれる人がいることでエネルギーを得られるところもあるため、そのあたりのバランスをとることが大事になる。とはいえ、果敢なタイプの人は、最低でも一人はしっかり冷静に意見を言ってくれる人を身近に置いて、重要な案件については積極的に意見を聞くようにする必要はあるだろう。

†状況に応じてリーダーや権限の範囲を変える

あるいは、自分が立ち上げの際のリーダーには向いているが、安定期に入った組織のマネジメントには向いていないと思うならば、向いている人にリーダーを替わってもらうのもよい方法だ。もっとも、ナンバー2としていくら高い能力を持っていても、その力はナンバー2にいることにより発揮される場合も少なくない。そうした場合はトップはそのままで、そうした信頼できる側近に権限を移譲していき、相対的に自らが発揮するリーダーシップの範囲を狭めるのも有効だ。

たとえば、「ふんばろう」の場合は、2014年に、「ふんばろう東日本支援プロジェクト」というコンソーシアムを発展的に解消し、そこから生まれた独立団体と、それらに資金を分配していく一般社団法人「ふんばろう支援基金」からなる体制に移行したが、その際には「ふんばろう」に途中から入った日本銀行の支店長を務めていたこともある人に実質的な権限を移譲していった。

主たる役割が初期の「多数のプロジェクトを立ち上げて軌道に乗せること」から「継続

するプロジェクトを支えるために資金を管理し配分していくこと」へと変わったため、果敢さよりも慎重さが必要であり、的確な状況把握、丁寧かつ安定したマネジメントができるという点で、その人が適任と考えたからだ。

状況と目的を踏まえ、ステージごとにリーダーシップをとるべき人を柔軟にシフトしていくことは、硬直した組織ではなく、しなやかなチームだからこそできる有効な方法なのだ。

「自分」はチームの目的を達成するための一つの要素である。「自分」にとらわれずに、メンバーや信頼できるチームメンバーをはじめとする「他者」を最大限に活かせるようにすること。それが意思決定を間違えないための最も確実な方法なのである。

†リーダーシップに最も大切な要素とは何か

リーダーシップに重要な要素には、洞察力、決断力、先見の明といった様々なことが考えられるが、そんな中でも「誠実さ」の重要性は、多数の論者により主張されている。ドラッカーも、リーダーは誠実であらねばならない、部下はリーダーの失敗には寛容だが、不誠実であることは許さないものだと言っている。

とはいえ、「実績さえ上げていければ、誠実さなど関係ない」という考えは成立しうるし、実際そう信じている人もいるだろう。では、そうした考えは機能するのだろうか。

『影響力の武器』（誠信書房）の著者として著名なロバート・チャルディーニ（1945―）は『DIAMONDハーバード・ビジネス・レビュー』2014年1月号（ダイヤモンド社）で、「人は自分の悪事がばれると予想しないものです。とりわけ権力のトップ・レベルにいると、自分の悪事だけはばれないと感じるものです」と述べている。そこでチャルディーニらは、倫理的問題について、より利己的な見地から「細心の注意を払って誠実に振る舞うべき最低限の根拠」を検討し、次のような仮説を立てた。

「ある組織が、組織外に対して不誠実に振る舞う組織風土を黙認、もしくは奨励した場合、その不誠実さを苦痛に感じる組織内部のメンバーは組織を去ることを検討するはずです。そして実際に組織を去るまでは、苦痛とストレスを感じ続けることになります。

対照的に、不誠実さを物ともしないメンバーは組織に残るはずです。こうして最終的に、この組織は不正行為を何とも感じない人だらけになります。そして彼らは、この組織に対しても不正行為を働くと考えられます。」（「よい影響力、悪い影響力」）

そして、この仮説を試すため実験を行ったところ、他のメンバーが不正をしていると信じ込まされたメンバーは、不正をしていると知らされていないメンバーよりも、大幅に劣る業績となった。彼らはストレスにさらされ、自分の業績に悪影響が出るほどに気を取られてしまったのだ。

また、チームを選べる立場にあっても、不正があるチームでもまったく気にせずに働ける人は、その人自身が不正を働く確率が50％も高かったという。これは不正に違和感を持たない人は、不正を働く可能性も高く、そういう人が集まれば、不正が横行する組織文化ができあがってしまうことを示唆している。

†なぜ本心は伝わってしまうのか

また「不誠実であったとしてもばれなければよい」という考えも成立しうる。誠実な気持ちを持っていなくても、誠実な振る舞いにみえるようにすればよい、というわけだ。こうした考えは通用するだろうか。

マズローは「俳優のように演技をしてみせたところで、なかなか欺けるものではない。

人間は、意識レベル、あるいは無意識レベルにおいて、相手が演技していることや、行動によって示そうとしている気持ちが本心ではないことを、どういうわけか見抜いてしまうのだ」(『完全なる経営』前掲)と述べている。また動機づけの研究者として著名なハイディ・グラント・ハルバーソンも「本心は、相手に伝わります」と明言している。

どんなにうまく取り繕おうとしても、気持ちは他人に伝わってしまうと思っておいたほうがよい。この事実は自明すぎるあまり、心理学の検討素材になってこなかったようにも思われるが、これにはおそらく一般の人も経験的に同意することだろう。それでは、なぜ本心は伝わってしまうのだろうか。原理的に次のように説明することができる。

価値の原理によれば、人間は欲望や関心に応じて価値を見出し、行動する。そのため、どんな人でも自分の欲望、関心を基点に物事を判断し、行動するので、周囲の人にとってみれば、その人の意思決定や動き方から「その人が本当にしたいこと」=「関心(本心)」は影絵のようにはっきり浮き彫りになってしまうのだ。

†リーダーの人格に応じて組織の体質が決まる

したがって、リーダーが口では「社会に役立つことをしましょう」と言っていても、

「是が非でも売り上げを上げること」が最も重要な関心であることが透けてみえれば、部下は「その関心に適った行動をしたほうがリーダーに評価される」と考えて、社会に役立つことよりも、売り上げの向上につながる行動をするようになる。あるいは、その考え（関心）に共感できない人は、「口では社会貢献的なことを言っているが、結局のところ利益を上げることがすべての、この会社ではやっていけない」と辞めてしまう。

このようにリーダーが誠実でないことにより、逆淘汰（リバースセレクション）がかかることで、誠実なスタッフは次々と辞めていき、不誠実なスタッフばかり残る。彼らは組織の内部でも不誠実な行動をするようになり、不誠実な組織文化が醸成され、社会に対しても不誠実に振る舞うようになる。

このように、不誠実なリーダーが誠実なチームを作ることはできないのだ。たとえ、うまいことやって、一時的に誠実なメンバーを集めたとしても、次第にその本質に気がつき、誠実なスタッフは去ってしまうだろう。その意思決定や動き方から「その人が本当にしたいこと」が浮き彫りになってしまうためだ。したがって、自分がチームを作る場合、自分にはない特質を備えた人が欲しいと思ったからといって、そういう人を集められるというものではないのだ。

チームを作る際に、リーダーの人格と組織の体質は相関する。つまり、リーダーの人格に応じて組織の体質が決まってしまうのだ。

†雰囲気はごまかすことができない

日本ではほとんど知られていないのだが、フランスなどでは一分野として築かれている「相貌《そうぼう》心理学」という学問がある。これは、どのような見かけからどのような心の持ち主かを判断できるという経験的な事実を体系化した理論である（ルイ・コルマン著『相貌心理学序説』北大路書房）。また日本でも『人は見た目が9割』（竹内一郎著、新潮新書）がベストセラーになったことがあるが、実際に、人はみかけで多くを判断しているからこそ、逆説的にその例外もあるということを示すため「人は見かけによらない」という格言が生まれたのだ。

顔に現れる表情や痕跡だけとってみても、極端な話、顔中に様々な種類の傷のある人は、原因はともあれ、そういう人生を歩んできたということである。笑い皺の多い人はたくさん笑ってきた人である。眉間の皺が深い人は、どこか厳しく考え詰めるところがあり、険しい人生を送ってきた可能性が高い。それと同様に、自分の立場をよくしようと長年組織内政治にいそしんできた人の顔には、そのような表情が刻まれる。部下や家族のことを大事に思い、組織の発展に尽力してきた人は、目に温かさと知性が宿っていると感じるものだ。

実際、『DIAMONDハーバード・ビジネスレビュー』でも、実験参加者に、投資をするとしたらどの人にどんな割合で資金を任せるかと尋ねたところ、顔をぱっと見た印象に基づいて、より信頼できそうだと判断した相手により多くの資金を投資したという結果が示されている（2014年1月号「温かいリーダーか、強いリーダーか」）。

もっといえば、その人の本質は、顔だけでなく、その人の存在全体が醸し出す雰囲気に現れる。それは決してごまかすことはできない。

このことがリーダーシップに何を示唆するのだろうか。まず考えられるのは、だからきちんとした格好をしたほうがよいということだ。しかしこれは、見かけでごまかせるということではない。これまでの議論を踏まえれば、リーダーの人格は表情や振る舞いなどを通して自然とフォロワーに伝わってしまうと考えたほうが事実に近い。『人は見た目が9割』の帯には「理屈はルックスに勝てない」と書かれていたが、正確には「理屈は本心に勝てない」と言ったほうがよいだろう。

†なぜリーダーシップのテクニックは通用しないのか

尊敬している人に褒められれば、すごく嬉しいと思うし、励まされればがんばろうと思うし、お礼を言われればやってよかったと思うし、たしなめられれば反省する。しかし、軽蔑している人に褒められても嬉しくないだろうし、励まされても「おまえががんばれよ」と思うかもしれないし、叱られたら反発することもあるだろう。同じことを言っても、誰が言ったかによって意味は変わる。

チームを作る際にも〝基点〟になるのは自分なのである。そう考えれば、巷で常識とされている「褒める」→「モチベーションが上がる」という方程式すら当てはまらないことがあるのがなぜか、よくわかるはずだ。

従来の組織行動は、誰が行っても同じ結果が出るという意味での狭義の「再現性」を求めるあまり、このことが盲点となっているように思われる。だからこそ、リーダーシップは最もよく研究されてきたにもかかわらず、わかっていないことが最も多い領域と言われる事態に陥っているのであろう。

自分に自信がある人ほど、心から尊敬する人のもとで働きたいと願うものだ。自分が培ってきた能力と限られた時間を、尊敬できる人のために、あるいはできるだけ意味あることに使いたいと思うのは自然なことだからだ。

自分が最も尊敬している人に認められると嬉しいのはなぜか。これは「両想いになるとなぜ最高に嬉しい気持ちになるのか」という問いと相似的に理解することができる。自分が世界で最も尊敬する人、すなわち価値があると思っている人に、「あなたは世界で最も価値がある」と言われると、自分も相手と同じ価値水準に引き上げられるためである。

そもそも、尊敬するとはどういうことなのだろうか。認めることとどう違うのだろうか。「あいつの能力が凄いのは認めているが、人間的に尊敬することはできない」という言い方をすることがあるように、尊敬とはその人の一部の能力のみでなく、人格も含めた全体的な評価に伴う感情であることがわかるだろう。尊敬とは、人格も振る舞いも素晴らしいと心から思えるような人に対して、思わず生じる感情なのだ。

そのため「高額な給料をあげるから自分を尊敬しろ」と言っても尊敬させることはできない。もちろん、尊敬したふりをさせることはできるが、尊敬とは、しようと思ってできるものではなく、おのずと生じてしまう感情なので、命じてできるようになるものではないのだ。

ここまでくれば、多くのリーダーシップの方法論が世に溢れているのに、なぜ役に立たないことがあるのかわかるだろう。それは何を言うか以前に、〝誰が言うか〟によって、まったく意味が変わってきてしまうためだ。

†人格を高めるとはどういうことか

そうすると最終的には、どうすれば人格を高められるのか、という話になってくる。人格を高めるとはそもそもどういうことなのだろうか。

先日「人と経営研究所」所長の大久保寛司氏と「人とホスピタリティ研究所」代表でザ・リッツ・カールトン日本支社長を務めた高野登氏による「人間性を高める・人間力を高める」というセミナーに参加した。大久保氏は「人は自分の経験に基づく、狭い価値観、情報からだけ人をみるため、自分が大きくならないと本当の相手はみえない」と話されていた。たとえば、ジグザグの振れ幅を持った人がいたとして、自分がその振れ幅よりも狭ければ、ジグザグは自分の器をはみ出すノイズとなってしまい、その力を活かしきることもできないため、多様な才能を活かすためには自分の器を大きくしていくしかないと言うのだ。

それを受けて高野氏は、「よく角がとれて丸くなるという言い方をするが、三角形の角がとれたら個性が削られた小さい自分になってしまう。だからそうではなく、様々な価値観の人とぶつかりながら、角（個性）はそのままだが、その角で人を傷つけないよう三角形をそのまま包み込めるような外接円のようになることが本当の意味での成長ではないか」といったお話をされており、それは大変示唆に富むものだった。

そして最後に、大久保氏が「人間性を高めるということは、己の中にある素晴らしいよりよいものをより多く出せるようになること」であり、「人間性の高い人に触れていると少しずつ自分も影響を受けてそうなっていく」と述べた。この話を聞いて、思わず涙が出そうになった。人間性を高めるというと、今の自分ではダメだ、自分にないものを身につけなければと思いがちだが、そうではなく、すでに自分が持っているよいところをより多く出せばいいんだよと、今の自分を肯定して、背中を押してもらえたと感じたからだと思う。またそれは、会場全体を包み込むような温かな人間力を感じられる大久保氏だからこそ、すんなり心に染みわたってきたのだろう。やはりその人の人間性があっての言葉であるということを実感する出来事でもあった。

ここまで考えを押し進めると、次にみるドラッカーのリーダーシップの定義は、強烈な光を放ってくる。

「リーダーシップは、人のビジョンを高い視点へと持ち上げること、人のパフォーマンスを高いレベルに引き上げること、人格を通常の限界を超えて陶冶《とうや》すること、である。」（ウィリアム・A・コーン『ドラッカー先生のリーダーシップ論』武田ランダムハウスジャパン）

「ビジョンを高い視点へと〝持ち上げる〟」「パフォーマンスを高いレベルに〝引き上げる〟」という言い回しもさることながら、それにとどまらず、組織行動学においては、誤差として切り捨て、再現性がないからといって見すごされがちな人格面に踏み込み、〝通常の限界を超えて陶冶すること〟を最も強調している点に、ドラッカーの慧眼《けいがん》がみてとれる。

リーダーシップの基点となる〝あなた〟の人格と組織の体質は相関していくため、可能な限り人格を陶冶していくことは、リーダーに実質的に要請されることなのだ。

†誠実なチームを作るために何をすればよいか

欧米においてもリーダーシップと倫理の関係が学術的に研究されてきたのはごく最近のことであるが（スティーブン・P・ロビンス著『新版 組織行動のマネジメント』ダイヤモンド社）、日本でも「ブラック企業」という名称が一般的になったように、近年急速に、企業に対して倫理的な振る舞いが求められるようになった。実際、インターネットで即座に情報が拡散するこの時代、リーダーシップの非倫理的な言動はすぐさま広まり、企業評価や消費者の購買行動、株価に致命的な悪影響を与えている。

誠実ではないリーダーシップのもとには不誠実な人が集まり、組織の内外に対して不誠実な振る舞いをするようになり、不誠実な組織文化からは不誠実な対応が生まれ、それが問題化したときにはあっという間に社会に広まり、世論から痛烈な批判を浴びて、企業価値が低下してしまうのだ。誠実さは人のためならず。巡り巡って、自分と組織のためにほかならないのである。

では、どうすればよい仲間と出会い、チームを作ることができるのだろうか？

ここでテクニックは必要ない。なぜなら、関心が似ている人は、同じものを良い（悪い）と思うため、同じ「良い」と思ったところに自然に集まってきてしまうためだ。

したがって、たとえば、あなたが「スタッフも顧客も幸せにしながら、社会の関心にも適う価値をしっかり提供していく事業を通して社会に貢献していきたい」という強い関心を持っていれば、その関心に適うセミナーや考え方、人に価値を見出すであろうし、それと同じように、同じ関心を持つ人は自然と集まってくる。「類は友を呼ぶ」所以である。そして、同じ関心を持つ人が少ないほど、「世間は狭い」という現象は加速するのだ。

やるべきことはシンプルである。誠実なチームを作りたいと願うならば、日々誠実に行動すればよいのである。それが結果として、誠実な仲間を集め、スタッフを育てることになり、誠実な企業文化を醸成し、消費者からも好感をもたれ、支持される組織になっていく、ということなのである。

『ガイアシンフォニー』で一躍注目された「日本のマザー・テレサ」、佐藤初女氏の集大成ともいえる著書『限りなく透明に凜として生きる』（ダイヤモンド社）が公刊されたが、そのなかに、次のような一節がある。

「何かになろうとしなくても、それはすでに自分の中にあるものです。透明になって真実に生きていれば、それがいつか必ず真実となってあらわれます。だからわたしたちに今できることは、ただ精一杯、毎日を真面目にていねいに生きていく、これだけだと思うのです」

これはリーダーシップにも当てはまる。ただし、これは単に「真面目に努力しさえすればよい」ということではない。いかに優れた「戦略」を持っていたとしても部下がついてこないリーダーがチームを目的達成に導くのが難しいように、性格がよいだけで能力が伴わないリーダーがチームを目的達成に導くことは困難だろう。人格を高めるよう努力すると同時に、ここで論じてきた〝価値の原理〟や次章で詳述する〝方法の原理〟〝戦略の原理〟といった理路を指針として、本質からブレることなく目的達成のために尽力していく必要がある。人間性にそうした本質的な叡智が加わることで、さらに素晴らしいリーダーシップを発揮していくことができるだろう。

Column 2　メンタルが身体パフォーマンスを変える

――高校時代、ソフトテニス部の「苦い経験」で「心のおもしろさ」に目覚めた西條先生。大学入学後は、一転して心理学の研究に打ち込んだのでしょうか。

西條　いや、結局テニスやっちゃいましたね（笑）。高校総体でいい結果を出せなかったから、「二度とやるまい」と誓ったのですが、体育会系のサークルに入ってしまいました。でも、高校時代と大きくちがったのは、「心理学を学んでいたこと」でした。

たとえば、ぼくが幹事長（部長）だったとき、勝つためのセルフコントロールの方法論を自分なりにまとめ、それを選手に伝えて練習したら、所属していた六大学連盟の主要タイトルを全部制覇したんです。そして、目指していた主なタイトルはすべて獲ることができました。

個人戦は強い選手がいたからですが、団体にしても、それまでは「早稲田は、うまいけど勝てない」と言われていたんです。ぼくらの代もダントツに強かったわけではなく、いつもギリギリで競《せ》っていました。でも「競ったら勝つ」ようになったんです。

——競ったら、勝つ。

西條　つまり、相手チームとの実力が拮抗している場合、ぼくらは「心をコントロールする方法」を持っていたのに対して、相手は、その方法を持っていなかった。その結果、「競れば競るほど勝てるようになった」んです。

たとえば「勝てば1位だけど、負ければ3位に転落」みたいな状況があったとします。そんなとき人は「ポジティブに考えろ」って言うじゃないですか。でも、そんな「追い詰められた」場面では、人間、なかなかポジティブになんて考えられません。むしろ、次のポイントを取られたら、ああなって、こうなって、負けちゃう……みたいに、頭のなかで負のストーリーができあがってしまう。

そういう状態に陥ると、ふだんなら、難なく入れられるサーブが入らなくなってしまうんです。心と連動して、身体が緊張してしまうんですね。

——そういうときは、どうすればいいんでしょう。

西條　身もフタもない答えですが、「何も考えない」。それしかないと思います。思考が悪いほうへ向かいそうなとき、ぼくは、手の平に「集中」と書くんですが、場合によっては、より直接的に「何も考えない」と書いていました。試合の流れに沿うことも大事なので、「水のように」とか。

――でも、考えないように考えないようにぐるぐる考えるほど考えちゃうってこと、ないでしょうか。

西條　ありますよね。そういうとき、どうするかというと、ぼくが独自に編み出した方法なんですが、一瞬、「頭を振る」んです（頭を振る）。

――「実際に頭を振る動作をする」、ということですか？

西條　そう。瞬時に。こうやって（頭を振る）。『サザエさん』のカツオみたいによけいな雑念がホワンホワンホワワワ～ン……と出てきたなと思ったら、すぐさま、サッと「頭を振る」んです。ちいさな動作でもいいので、一瞬「脳を揺らす」ような要領で、サッと。

人が考えをめぐらせるときって、じいっとして動かないじゃないですか。ロダンの「考える人」もアゴに手を当てて座っていますよね。逆に言うと、人間って「脳が揺れている状態」では「考えることができない」んですよ。

――つまり、身体的に「考えられない」状況をつくりだす？

西條　そうです。ぼく独自の方法ではあったんですけど、これでけっこう、追い詰められた場面を乗り切りました。騙されたと思ってやってみてください。おすすめですよ。自分の経験からすると、頭の中で「こうなって、ああなって、こうなるよな」と文章にしてしまった時点でダメ。ですから、ぼくは「あ、よけいなこと考えはじめてるな」と気づいた瞬間に、その都度、頭を振って消してました。

――どうしてもプラスの方向に考えられないときは「考えない方法」を取れ、と。

西條　そう、考える時間のあるプレーほどよけいな思考が邪魔してしまうことがあるんです。サッカーのPK戦とか。実際、宮城県のある中学校の講演で、構造構成主義のエッセンスとともにこのことを紹介したら、ある親御さんから「バレーボールの部長をしている娘が、サーブのときに実践して、初めて大会で3位に入賞しました」と、嬉しい連絡をいただいたんですよ。

――この西條先生の方法論が広まったら、いろんなスポーツ選手が頭を振るようになったりして（笑）。

西條　そうなったら、おもしろいかもしれませんね（笑）。誰でも簡単にできますし。

——もうすこし、心理学とスポーツの関係性について聞かせていただけますか。

西條　たとえば、ガチガチに緊張している人に向かって「緊張するな！」と言うのはご法度《はっと》です。その言葉をかけることで、かえって意識を「緊張」にフォーカスさせてしまう。「緊張するな」と言われたら「いま、自分は緊張しているのかどうか」が気になってどんどんプレーに集中できなくなります。

同じように「集中しろ」という言葉も、集中する方法を熟知して自分をコントロールできる人には有効かもしれないけど、集中する方法をマスターしていない「その他大勢」には意味がないですよね。「勝て！」と言っているようなものです。

それに、必死な形相で何度も「集中しろ、集中しろ！」なんて言われたら「俺、そんなに集中できてないんだ……」と自信をなくしてしまいます。

——では、どうすればいいんでしょうか？

西條　何より「現状肯定」だと思います。仮にサーブが入らなかったとしても、少しでもいいところを見つけて「いいよ、いいよ！　さっきより、よくなっているよ！」と、声をかけてあげる。「その調子！　次は入るよ！」。で、入ったら「いいね！　どんどん集中できてきてるよ！」といった感じで。

――そうすることで、本来の実力を引き出してやるわけですか。

西條 あと、マッチポイントのような場面では、勝っているにもかかわらず緊張してしまうことってありますよね？ でもマッチポイントを取っているということは、自分の実力が相手より上で、試合をリードしてきた結果ですから、基本的には「いつもどおりにプレーすれば勝つ」はずです。なのに「いつもどおりに」ができなくなる。

――見ている側も同じです。自分の応援しているチームや選手がマッチポイントを取ったら、逆に追い詰められてる感じがしたり。

西條 甲子園の高校野球でも、9回裏の守備で「あと1球、あと1球」という局面でホームラン打たれちゃったりしますよね。それは「あと1球」と思ったとたんに「いつもどおり」じゃなくなってるからです。1ポイントは1ポイントなのに、わざわざ「最後の1ポイント」という「特殊な得点」に仕立て上げているんです。そういうときは「あと10ポイント取ってやる」と思ってプレーするのがいいと思います。

――「最後の1ポイント」を、「ただの1ポイント」に戻してやるんですね。

西條 ぼくは、このことを王貞治選手の逸話から学んだんです。王さんも「あと1本打てばホームランの世界記録」というところで、ぜんぜん打てなくなってしまったらしいんです。でもそこで、合気道の師匠に「あと1本と思うからダメなんだ。あと100本と思え」と言われたその日に、ポーンと打って記録を達成したそうです。

どんな考えを持つかによって、結果がまったくちがってくるということの、たいへんいい例だと思います。実際、ぼくたちも、マッチポイントでは「ゼロゼロ（0―0）」「ここから10ポイント取るよ！」と、選手に声をかけていましたから。

――たしかに、甲子園の「9回裏」の雰囲気って独特ですものね。それに呑まれてしまう。

西條　「いつもどおりやろう」と思いながら自分の心のなかで「特殊な状況」にしちゃってるんです。チームの監督や両親など応援する人が「いつもどおり！」と必死の形相で声かけしている時点で「いつもとちがう、特別なシーンなんだ」と刷り込んでいるようなものです。

――行動が「いつもどおりじゃない」ことが、心の状態を左右するんですね。

西條　そう。そして、その心の状態が「身体のパフォーマンス」へ返ってくる。

おもしろいことに、多くの選手に「敗因は何？」と聞くと「精神的な要因」を挙げるのに、ふだんの練習は技術的なことばかりで、メンタル面のトレーニングを技術面ほどには、やってないことです。

——なぜでしょうか？

西條　まず「あいつは肝っ玉が据わっている」とか「ノミの心臓」と言われるように、「精神の強さ」というのは「生まれつき」のもので、鍛えられる「技術」だと思っていないからじゃないでしょうか。

だから、これからの指導者は、自ら「メンタルトレーニングの方法」を学んで、教えることが必須だと思います。とくに、中学校や高校の部活動では、安易な精神論を振りかざしたり、集中できないことを生徒のせいにしたりせずに、きちんと「方法」を教えてほしいですね。

——「理知的に熱くなれ」と。

西條　まさに。「Cool Head, Warm Heart」って本当はそういう意味なんじゃないかと。それに、「原理的に不可能」というケースを除けば、「できないこと」というのは、たいてい「実現するための方法がない」ということですから。方法さえ見つかれば、できるんです。

第３章

ブレないチーム運営
――「方法の原理」

†哲学はビジネスの現場でも役立つ

私は早稲田大学ビジネススクールの専任講師を務めていた際に、「組織心理学」「質的研究方法法」「ビジネス研究法の基礎」「ソーシャルビジネス特論」といった科目に加え、「組織と哲学」という風変わりな科目を担当していた。実はこの科目は、早稲田大学ビジネススクールでも前例のない科目だった。ところが意外なことに、「組織と哲学」の講義は、多くの学生が聴講する人気講義のひとつになった。おそらく哲学が「現場で役立つ」ものだと、感じてもらえたのだと思う。

組織で使える、現場で役立つ哲学とはいったい何だろうか。この章では、あらためて「現場で役立つ哲学」という観点から、〝方法の原理〟に焦点化して、機能するチームに欠かせない考え方をお伝えしていこう。

まず、ここでいう〝哲学〟は、「人生哲学」や「経営哲学」といった「私の考え」という意味での「哲学」ではない。そうではなく、ニーチェ（1844―1900）やフッサール（1859―1938）、ハイデガー（1889―1976）、ソシュール（1857―1913）、ロムバッハ（1923―2004）といった、いわゆるギリシャ時代から連綿と続く〝哲学〟における「現象論」、「存在論」、「記号論」といった諸領域の原理を体系化した〝構造構成主義〟になる。

私はボランティアをするのも初めてで、会社やNPOなどの組織を経営したことはなく、実際、私の唯一の武器は〝哲学〟だったのだ。

さて、「哲学」とは何だろうか。いろいろな考え方があるが、ここでは「前提を問い直す」ことと、「物事の本質を洞察すること」という主に二つの機能からなる〝考え方〟という位置づけで語っていきたい。事実、構造構成主義とは「方法とは何か」「価値とは何か」「人間とは何か」といった根本的な問いに答える理論の体系なのだ。

その中でも本章では〝方法の原理〟を紹介していこう。言うまでもなく、マーケティングの方法、戦略立案の方法、人材育成の方法、あらゆる分野で「方法」は活用されている。通常、方法とは先生や先輩といった先達から、「これについてはこうこうこうするのがよい方法だ」というかたちで倣《なら》い覚えていく。そのため、それぞれの業界で「正しい方法」がある、と思うようになる。

これは、たとえば心理学でも同じである。「こうやって実験したり統計を使ったりすることが正しい心理学の方法だ」と教わると、「それこそが心理学なのだ」と思うようになり、それ以外のやり方は「そんなものは心理学ではない」と邪道扱いするようになる。多かれ少なかれ、我々はそうして「正しい方法」を手順として倣い覚える。しかし、だからこそ異なる方法を身につけた人たちは、必然的に正しい方法を巡る〝信念対立〟に陥ることになる。そしてその「正しい方法」が有効どころか足枷《あしかせ》になっていたとしても、止められないという不合理が起こるようになる。

そのような不合理に陥らないためにも、方法の本質を知る必要があるのだ。では「方法」とは何なのか。〝方法の本質〟、つまりその最も重要なポイントとは何なのだろうか。それに答える理路が〝方法の原理〟なのである。

†〝方法の原理〟という普遍的な考え方

構造構成主義において、方法とは「特定の状況において使われる、目的を達成するための手段」と定義される。何気ない定義にみえるかもしれないが、これは方法の本質――最も重要なポイント――は、「状況」と「目的」という2点にあることを示している。

読者の多くは、日々組織の中で方法の是非を議論していることと思う。あるいは「こうすれば必ずうまくいく」という法則があると思っているかもしれない。ところが、原理上、

「どんな状況で」、「何をしたいか」を抜きにして、どういう方法がよいかが決まることはない。たとえば、プレゼン方法ひとつとっても、客層は誰なのか、聴衆の数は何人か、屋内なのか屋外なのか、会場はどのくらいの規模なのか、どのような機器を使えるのかといった「状況」と、何を伝えたいかという「目的」を抜きに、どういうプレゼン方法がよいかを考えることはできない。

つまり、どんな状況、目的においても機能する「絶対に正しい方法」はないのだ。換言すれば、これまで「正しい」と思っていた方法も、状況や目的が変われば、「間違った方法」になりうる。この「方法の有効性は、(1)状況と(2)目的に応じて決まる」という〝方法の原理〟は、いつでもどこでも例外なく妥当する。こうした〝普遍性〟を備えた考え方が〝原理〟なのである。

未曾有の震災下で既存の物資支援の方法や枠組みの多くが機能しなかったのは、誰が悪いということではなく、それまで有効だった方法が、状況が変わったことにより有効ではなくなったからだ。それに対して、「ふんばろう」が機能したのは、常に状況と目的に応じて有効な方法を考え出すための〝方法の原理〟を共有し、それを指針に実践したからにほかならない。

†新たに開発した物資支援の「方法」

「ふんばろう」の物資支援が被災地全域で広まったのも、この方法の原理に沿った仕組みを備えていたためだ。

2011年4月1日、初めて南三陸町を訪れたときの状況は次のようなものだった。拠点避難所には物資が山積みになっていたものの、その先の小さな避難所に流すための仕組みも人員もなく、小さな避難所や個人避難宅エリアには物資が届いていなかった。

当時は、ちょうどガソリンが入手可能になりつつあった時期で、実際、宅配便の倉庫に人がいるのをみかけた。そのことを、現地で物資の届いていない避難所を案内してくれた「さかなのみうら」の店主、三浦保志さんに話したところ、「「さかなのみうら」と書けば自分のところに届くから、そしたら物資が届いていないところに全部届けるよ」と言ってくれた。

そこで、仙台に戻ると翌日すぐにホームページを立ち上げ、現地で聞き取ってきた必要な物資を掲載し、それをツイッターにリンクして拡散した。同時に、どこの避難所に何をどのぐらい送ったかコメントしてもらい、必要な物資がすべて送られたらそれを消すことで、必要以上の物資が届かないようにした。

一方で、日々、避難所が統合されたり、移動したりする現地で、数千カ所とも言われる避難所をすべて廻ることは不可能であった。そこで避難所を把握している各被災行政にこの仕組みを広めてもらうのがよいだろうと考えた。しかし、前例のないことだということで、話はまったく前に進まなかった。そのため、別の方法を採ることにした。それは次のような方法だ。

まず、その仕組みを一枚のチラシにまとめて連絡先を明記し、それを「ふんばろう」のホームページからダウンロードできるようにした。そして「現地に物資を持っていける人は、このチラシも配って、今後必要になった物資はここに電話するよう伝えてきてください」とツイッターで拡散した。要するに、現地に行ける支援者に営業マンになってもらう方法を採ったのだ。

これによって「ふんばろう」を立ち上げて3カ月後の7月には、物資を届けた避難所は1000カ所を超え、避難所や仮設住宅、個人避難宅エリアを対象に、1年で3000カ所以上、3万5000回以上の物資支援が実現したのだ。

†原理を踏み外したときに失敗する

このようにしてみると、〝方法の原理〟とは、「見たことも聞いたこともない」方法を生み出すものではないことがわかるだろう。しかし、それをもって原理には価値がないと思うのは早計である。

実際、既存のマッチングサイトは機能しなかった。なぜか。それは津波によりすべて流されてしまった地域は、電気、水道、ガスすべてのライフラインが止まっており、当然のことながらパソコンもネットもないため、提供者と受給者双方がアクセスするタイプのマッチングサイトは、内陸のネットに強い若者しか活用できず、最も厳しい状況にあった沿岸地域の人々はアクセスすることすらできなかったためだ。

また4月中旬頃、某大手通信会社は最新の物資支援の仕組みをリリースしたと大々的に発表したものの、それは現地でまったく役に立たなかった。それはiPhoneでソフトをダウンロードして活用するタイプの仕組みだったのだが、当時、被災地でiPhoneを持っていて使いこなせる人はほとんどいなかったのだ。

これらは、「目的」は妥当なものであっても、「状況」の把握を間違ったため、まったく役に立たなかったという例だ。原理とは、言われてみれば当たり前のように感じるものであり、それに沿えば必ずうまくいくというものではないが、それから踏み外したときには確実に失敗するという類のものなのだ。そして、上記の例にもあるように、現実には、その「言われてみれば当たり前のこと」に自覚的に思いを馳せる理路がないために、多くの人が原理を踏み外し失敗してしまうのだ。

あらためて、ではなぜ原理的な哲学が現実の組織行動において役立ちうるのか。それは事柄の本質が明らかになると認識も明晰になり、自覚的に行動することが可能になるためだ。今回の場合でいえば、方法の本質――最も重要なポイントは、目的と状況という2点にあること――が明らかになったことで、この二つのポイントを意識しながら、より有効な方法を模索、実行することが可能になったのだ。

†状況に応じて柔軟に方法を変える

私は「ふんばろう」のことを〝市民意思機能〟と捉えていた。運営をフェイスブック上で行っている「ふんばろう」は、明確な境界線を持つ組織ではなく、「被災者支援」という目的のもと、企業や団体の壁を超えて、誰でも入ることができ、それぞれができる範囲できることをしていくゆるやかな〝機能体〟だ。そのもとには、機能しさえすればいい、という考えがある。

立ち上げた当初から〝クジラではなく小魚の群れになろう〟ということを言ってきた。行政や大企業といった大きな組織（クジラ）のパワーは凄いが、当時の被災地のように状況やニーズが時々刻々と変わっていくような状況においては、機動性と臨機応変性が求められる。動きが遅いあまりにタイムラグが生じて、必要ではなくなったものが大量に届いても邪魔になるだけだ。そうした状況では、小魚の群れのように一瞬で方向転換できるような〝機能体〟のほうが力を発揮しやすい。

「ふんばろう」は、方法の原理をはじめとするこうした考え方に基づき、その時の被災地の状況を踏まえ、ひとえに「被災者支援」という目的に沿って活動を進めてきた。

具体例として、状況の変化によって取り組みを変えてきた一連の「家電プロジェクト」を紹介しよう。もともと、仮設住宅には日本赤十字社から家電が配布されるのに対し、半壊した自宅に戻った自宅避難民やアパートなどで暮らす被災者には家電が配布されないという理不尽な状況があった。そこで2011年5月に、こうした〝支援格差〟を埋めるべく、家庭で使われていない家電を回収して送る「家電プロジェクト」を立ち上げた。このプロジェクトは、東京を中心として各地で家電が収集され、岩手県の山田町、釜石市、宮城県の気仙沼市、南三陸町、石巻市、東松島市、仙台市、福島県の南相馬市、会津若松市などの被災者に届けられた。

やがて夏になると、節電が求められ全国的に扇風機が品切れになる中、被災地では扇風機が手に入らなくなった。各家庭から中古家電を集めて被災地に送るという従来の方法では、扇風機を大量に集めることはできない。そこで、専用のECサイトを立ち上げ、支援者に家電を購入してもらい、それを必要とする被災者に届ける新たな方法を開発し、600世帯に扇風機を届けた。

さらに冬が近づくと、未だに支援が受けられない被災者がいる状況を踏まえ、そうした被災者を見つけるために、地元メディアや全国紙に大々的に告知を載せた。そして、それを見た被災者に罹災証明書のコピーと希望の家電を書いて送ってもらい、支援が必要と判断された家に直接希望家電を送る方法を採った。この方法なら、支援を必要とする人がどこにいても直接届けることができる。しかし、この方法は誰もやったことがなく、申し込みがどれだけくるのか読めないリスクがあった。そのため、内部でも反対の声があった。

それでも決行したのは、活動の目的が、リスクを避けることではなく、自宅避難者などに支援が行き渡らない〝支援格差〟を埋めることであり、その目的に照らせば「やるしかない」と決断できたからだ。当初5000世帯分の予算に対して3倍近く申し込みが殺到したが、足りない分はさらに冬物家電のキャンペーンを行うことで、1万4000世帯に冬物家電を届けることができた。

こうした活動を可能にするために、「ふんばろう」では〝方法の原理〟をプロジェクトの基本的な考え方としてホームページに明示し、早い段階から共有するようにした。状況と目的から最適な方法を導き出す方法の原理は、現場判断による臨機応変な対応を担保するためにも機能する。当初は、どこで何が起きているのか、誰にもわからない状況だったので、その時の状況をみて、「よい」と思ったことを現場判断で自律的にどんどん進めてもらうために導入したのだ。

今の日本の多くの組織は、方法の原理が根づいていないために、経験的に培った方法を踏襲することしかできない。そのため、本来の目的を重視するよりも、方法を遵守する〝方法の自己目的化〟に陥りやすい。だから、未曾有の災害や変化の激しい時代にうまく適応できなくなってしまうのだ。

これは被災地に限ったことではない。状況の変化は加速する一方であり、今年通用した戦略や方法が来年も通用する保証はない。状況が変われば、方法も変える必要があるのだ。方法の原理をリテラシーとして共有できれば、その組織は前例主義の硬直した状況を打開していくことができる。そういう組織でなければ、これからの時代を生き残ることは難しいだろう。

†組織の成長段階に合わせてあり方も変える

また当初、〝5％理論〟という考え方も共有するようにしていた。刻々と変化する被災地の状況に対応して迅速に動き続ける以上、失敗をゼロにすることはできない。また何をしても必ず批判する人はいる。失敗や批判をゼロにしようとすると、途端にリスク管理に膨大なコスト（時間と労力）がかかるようになり、その分、被災地支援に向ける力は大幅に削がれる。そこで私は「「ふんばろう」は、被災者支援が目的である以上、5％以内の失敗やミスを気にしていたら何もできなくなるから、その範囲のものは気にしないでいこう。ただし、目的と状況をしっかり見据えて大きな失敗はしないようにして、よいと思ったことはどんどんやっていこう」と言い続けた。実際「まあそれは5％以内だからいいでしょう」といった台詞が各所でみられたことから、本質的な問題かどうかを見定める視点としてかなり有効だったようだ。

その後「ふんばろう」は急速に大きくなり、日本最大級のプロジェクトと言われるようになって、注目度もあがった。それと同時に、被災地は食料や家電がないといった緊急的な状況ではなくなってきたため、組織のリスク管理に割くエネルギーの割合を増やしていった。知名度が高いということは足下を掬《すく》われる可能性も高くなることを意味する。やはり組織が大きくなるにつれて、被災地支援という本来の機能を失わない範囲で、リスク管理に力を入れることも必要だ。ゲームにたとえれば、ほとんどを攻撃力に振り分けていたパラメータを、防御力にも一定程度振り分けるようにした、ということだ。ここでも、状況が変わればどのようにしたほうがよいかが変わるという〝方法の原理〟を踏まえて、組織の力点を変えていったのだ。

†組織が不合理な選択を行う理由

組織を傍からみていて「なぜあんな不合理な失敗をするのだろう」と不思議に思ったことはないだろうか。多くの人が「臨機応変は大事だ」と言うが、実際の組織は大きくなるほど「臨機応変」からほど遠い「前例不変」に陥ってしまうことは珍しくない。なぜ、組織は時間経過にともない機動性を失うのか。保守的になり新しいことにチャレンジできなくなるのか。なぜ優秀な人が集まっている組織が「あれじゃダメだと考えたらわかりそうなものなのに」といった失敗をしてしまうのだろうか。

〝埋没コスト〟という概念は、この謎を解く手がかりになる。埋没コストとは、これまでに積み重ねてきた実績や信頼、費やした時間や資金といった回収不可能なコストのことだ。したがって、基本的に時間経過にともない埋没コストは増大していくことになる。

この観点からみると、戦争をやめられなかったのも、原発を止められないのも、方針転換することで、それまでに費やした多くのコストが回収不能になるためだとわかる。そうであれば、ほんのわずかな可能性であっても好転する（悪化しない）ことに賭けたいという心理が働き、外部からみれば不合理ともみえる行動を続けてしまうのだ。ギャンブルで損切り（ロスカット）できないのも、これまで費やしたお金が回収不可能な埋没コストになることを怖れるために起こるものであり、これと同じ心理が組織運営においても起こるのだ。

埋没コスト自体は、ある程度広く知られているものであり、新しいものではない。しかし、この埋没コストと〝方法の原理〟を組み合わせると、組織の不合理に関する洞察を深めていくことができる。方法の原理とは、次のようなものであった。方法とは「特定の状況において、何らかの目的を達成するための手段」である。つまり、方法の有効性は、状況と目的によって変化する。

この観点からみれば、ワンマン社長が「おれはこれで成功してきたのだ！」と部下の進言に耳を傾けず会社を潰してしまう現象は、状況が変わったにもかかわらず過去の成功方法にとらわれることによって起こることがわかる。これは第三者からすると、不合理極まりないようだが、当人にはそこにとらわれる十分な理由がある。まずもって、これまで成功してきたという揺るぎない事実がある。

しかしながら、これまで成功してきたことは、これからの成功を保証するものではない。状況によって正しい方法は変わるためだ。

ここでしかし厄介なことに、その方法が有効なものであればあるほど、その人の中でその方法は絶対的なものとなってしまう（方法の絶対化）。さらに、方法自体がその人のアイデンティティと一体化している場合には、それを変更することはそれまでの人生を否定すること、つまり人生そのものが埋没コストになってしまうことを意味する。そのため、新たな方法を採用すべきという意見に、耳を傾けることができなくなるのだ。

こうした不条理はリーダーにのみ起こるわけではない。「こういう場合はこうするのがよい方法だ」と上司や先輩から倣い覚えた結果、真面目な人ほど、方法を遵守することが目的になってしまうことも珍しくない（方法の自己目的化）。特にその方法が、組織の伝統、アイデンティティになっている場合には、それを変更することは、組織を否定することにもなる。こうした傾向は、「上」の言うことが絶対という軍隊的な組織ほど起こりやすい。そのためその方法が時代錯誤で弊害が大きくても、変更することはできなくなるのだ。

†埋没コストは過去へのとらわれ

このようにみてみると、多くの組織の不合理が、埋没コストにとらわれることで生じることがわかるだろう。では、なぜ埋没コストにとらわれると不合理が起こるのだろうか。それは、埋没コストがそれまで費やしてきた時間、労力、資金といった〝過去〟をベースとした意思決定であるためだ。それに対して、方法の原理とは、状況と目的、つまり〝現在〟の状況と目指すべき〝未来〟を基点とした意思決定にほかならない。つまり、埋没コストによる意思決定とは逆ベクトルの考え方なのだ。

方法の原理だけをみれば、至極当たり前の考え方のようにみえる。しかし我々が過去にとらわれた意思決定をしがちであることを考えれば、それを自覚的に使うことの重要性がわかるだろう。現在（状況）と未来（目的）に焦点化したまっとうな意思決定をするためには、さしあたり〝方法の原理〟を組織に実装するしか対策はない。

たとえば、準備した通りのプレゼンを、関心をもって聞いてもらえていないことに気づいていながらそのまま続ける人を見たことはないだろうか。なぜそうなるのか。準備したものを使わないというのは、そこにかけた時間、労力が埋没することを意味するため、「もったいない」という心理が働くためだ。

もちろん、自分一人の問題であるならば、その人が「反応がいまいちだから、これは使わずに、もっとよい反応が得られそうな話をしてみよう」と決断できれば済む話であり、そうした意味での柔軟な変更というのは比較的容易だ。しかし、みんなで長期間かけて準備してきたものを、その場の状況をみて変更するというのは、相当な勇気と覚悟が必要となる。「今までミーティングを重ねて準備してきたのに、それを使わないなんて」という批判を受けることもあるだろう。さらにいえば、何年も投資してきた事業から撤退することがどれほど至難の業かは推して知るべしだ。

†感情に引っ張られないために必要な「論理」

人間は感情を持っている。がんばってやってきた人ほど「せっかくやってきたのにもったいない」とつい思ってしまう。そうした情緒に引っ張られて非合理的な意思決定をしてしまわないために、「論理」が必要なのだ。ではその「論理」とは何か。前にも触れたように、その本質は「追認可能性の高い理路」と言える。つまり他者がその理路をたどって「なるほど、確かにこれについてはこのように考えるほかないな」と納得せざるをえないようなものが「論理」なのである。

このときに、「気持ちはわかるけども、それは埋没コストにとらわれた考え方であり、ここで過去にとらわれていたら事態はより悪化する一方だ。状況が変わった今、目的を達成するためには、今までのやり方は捨てて、新たな事業に乗り出した方がよい」と建設的に提案することを可能にするのが〝方法の原理〟なのだ。この原理を組織で共有することにより、まっとうな判断がまっとうに通るようになるのだ。

さらに踏み込んで考えると、実は埋没コストとは、たぶんに心理的なものなのである。原理的に考えれば、埋没コストとは現に存在しているモノではなく、ある人が「埋没コスト」とみなしている、ということだ。これは、それが回収不能なものかどうかは、認識次第であることを意味する。

エジソンは、「失敗なんかしちゃいない。うまくいかない方法を700通り見つけただけだ」と言ったというが、これは通常の人が埋没コストとみなしがちな失敗を、成功のための意味ある行動として認識しているということであり、だからこそ自ら「あきらめないことの天才」と自負するまでチャレンジし続けることができたのだろう。

失敗したから、撤退したからといって、すべてが無駄になるわけではない。それが無意味なものになるか、意味あるものになるかは、実はその後で決まる。

〝意味の原理〟というものがある。これは、起きた出来事をなかったことにはできないが、その〝出来事の意味は事後的に決まる〟というものである。そのときは失敗して、それまで注力してきたプロジェクトからの撤退を余儀なくされるかもしれない。しかし、勇気をもって方針転換し、その経験を糧に次のプロジェクトで成功させることができたならば、「あれがあったからこんな風になれた」と思うことはできる。本当に埋没コストになるかどうかは、むしろその後の行動とその結果によって決まるのだ。

人間であれ組織であれ、時に失敗することもある。しかし、「もったいない」と撤退すべき事業をそのまま続けた結果、会社が倒産したならば、そのとき本当にすべてのものが埋没してしまうのだ。「「出来事の意味は後で決まるのだから、あれがあったからこんな風になれた」と思えるように行動していこう」という強い意思が〝未来〟を切り拓き、埋没コストを意味あるコストに変えていくことができるのだ。

†求めるべきは適切な「問い」

次のような問いを立てたことはあるだろうか。

「それは埋没コストという過去にとらわれた意思決定ではないか？」

「我々の本当の目的は何なのか？」

「この方法は目的と状況に照らして本当に有効なものになっているのか？」

「この失敗を後から振り返って意味あるものにするためにはどうすればよいのか？」

人は「答え」を求めようとする。しかし、「正しい答え」がどこかに転がっていたり、本に書いてあったりすることはない。なぜなら、その人が置かれている状況によって「正解」は異なってくるからだ。求めるべきは「答え」ではない。適切な〝問い〟こそが、チーム（組織）をまっとうな方向に導くのだ。

†なぜ前例主義に陥るのか

ここまで、〝方法の原理〟が、埋没コスト（過去）にとらわれることなく、状況（現在）と目的（未来）を軸に意思決定することを可能にすると論じた。しかしながら、行政や一定の歴史を経た企業によくみられる保守的な組織が、前例主義に陥ることなく臨機応変に対応するには、さらなる困難が伴う。

組織はなぜ前例主義になるのか。前例主義を乗り越えるためには、その構造を把握し、そうした組織で新しい取り組みを進めるにはどうすればよいか洞察を深めていく必要がある。こうした観点から、第2章で触れた〝価値の原理〟と、これまで論じてきたすべての方法に通じる原理である〝方法の原理〟のさらなる活用法を紹介しよう。

まず大前提として、我々は基本的に前例に倣って仕事をしている、ということを自覚する必要がある。実際に今している仕事を振り返ってみてほしい。仕事を始めた当初は効率が悪かったものが、いつのまにか自分なりの手順を見つけ、意識しなくてもそのパターンでこなしているところはたぶんにあるはずだ。通常、前例にしたがうことは逐一考えずに自動的に行動できるため、すこぶる効率がよい。これは組織においても同じだ。

方法の原理によれば、方法の有効性は、状況と目的に応じて決まる。したがって、「前例に倣う」という方法は、状況と目的によって良くも悪くもなる。一般的にそれは、目的と状況が変わらないときに機能することが多い。しかし、現代社会のように変化が急速で激しい状況においては、前例が機能しない可能性は高くなる。だからこそ今、前例主義の是非が問われているのだ。

ここでいう「前例主義」とは、過去に採っていた方法（前例）が機能しないにもかかわらず、それを見直すことなく踏襲し続けてしまう不合理のことを指す。したがって、成果が出ない場合に、新たな方法を採用するならば、トライアンドエラーが機能しているということでもあり、問題ではない。

しかし、保守的な組織においては多くの場合そうはならない。東日本大震災後、被災地では人数分に満たないという理由で、500人いる避難所に300枚の布団が届いたが配らない、800人いる避難所に700個のケーキが届いたが受け入れない、野菜を配らずに腐らせるといった事態が各所で起きた。これも前例が機能しないにもかかわらず「全員に同時に配る」という公平主義、平等主義を踏襲してしまった例と言うこともできる。

では、前例主義はどのような条件下で蔓延《まんえん》しやすいのか。

「責任を回避したい」という関心（目的）を持つ人にとって、前例主義は非常に都合がよい。なぜなら前任者たちが連綿と続けてきた前例に倣っていれば、仮に失敗しても、「前例通りやったのですが」と言い訳できるからだ。そして行政のように、競合が存在せず、画期的な成果を出すことよりも決められた手順通りにやることに重きが置かれ、失敗をしなければ順当に出世していけるような組織では、〝失敗回避バイアス〟が働くようになる。そのため、〝失敗回避バイアス〟と〝責任回避バイアス〟の強い組織で、前例主義は非常によく機能し、蔓延することになる。

†達成バイアスと失敗回避バイアス

では、前例主義が蔓延する状況はどのように変えればよいのだろうか。

もし組織を運営する立場にある人であれば方法はある。一つは「成果を出さないが失敗しない人」よりも、「多少失敗しても成果を出す人」のほうを評価することだ。「失敗しないこと」よりも、「成果を出すこと」の方に重み付けをすれば、組織全体に〝達成バイアス〟がかかることになる。そして「前例がどうあれ、成果が出なければ認めない」という組織風土を形成できれば、自ずと前例主義はなりを潜めていくだろう。

2014年10月、広島県の湯崎英彦知事の要請により、8月に起きた豪雨による広島土砂災害の現地視察と、その後の対応についていくつか提言させていただく機会があった。湯崎知事はスタンフォード大学でMBAを取得しており、県庁の職員いわく「被災地にも、どの職員よりも足繁く通っていた」とのことで、話していても非常に合理的でバランス感覚に優れた方という印象を受けた。

興味深かったのは、知事との面談が終わった後、県庁の職員が「今まではやることをやっていればよかったが、湯崎知事になってから、「その結果どうなったか」と、成果を問われるようになった。実際、行政にとっては一番苦手だったところだが、いつも「それで、その結果社会は変わったの？」と聞かれるため、成果を出すということが組織全体に浸透してきた」と言っていたことだ。これはまさに組織の〝達成バイアス〟を高めた事例といってよいだろう。

さてしかし、そのように「上」から組織を変えられる立場にある人は限られているのが現実だ。では、〝失敗回避バイアス〟の強いリーダーのもとで、「下」から新しいアイデアを通すにはどうすればよいのだろうか。

第2章で論じたように、〝価値の原理〟は、「すべての価値評価は関心に応じて（相関して）なされる」というものだ。社会で成功することに関心があれば、職場での出世や昇進、ステップアップにつながる「残業」に価値を見出す一方で、家族と豊かな時間を過ごすことに関心があれば、「早く帰宅すること」に価値を見出すだろう。そのように、すべての価値判断の基点には〝関心〟がある。

したがって、このケースにおいても、まずリーダーの〝関心〟を同定する必要がある。失敗回避、責任回避バイアスの強い人であれば、その関心は「失敗しないこと」「責任をとらされないこと」にある。そういう人に、「こんなこと実現できたらすごくないですか」と達成できる成果をアピールしてもまず響かない。その人はそもそも成功に関心がないのだから、成功のための方法を説かれても、そこに価値を見出すことはない。

ではどうすればよいか。その人の「失敗したくない」「責任をとらされたくない」という関心に響くように言えばよいのだ。たとえば、先に挙げた500人の避難所に300枚の布団が届いたケースで考えてみよう。上司は、前例にそむいて失敗したくない、責任をとらされたくないと思っている。このときに〝方法の原理〟を共有していれば、次のようなことを柔かく、しかし分明に伝えることで説得できる可能性がある。

「今の状況では全員に同時に配るという公平主義に縛られていたら誰にも配れません。行政の目的は、市民をサポートして生活の質を上げることですから、公平主義に基づく前例は、目的を達成する方法になりません。市民に納得してもらえることが大事なのですから、この際、一人一枚じゃなくても、家族で分け合ってもらったり、お年寄りや子どもを優先するといったように工夫して配ったほうがよいのではないでしょうか。むしろ、必要としている人に配れる方法があるのに、それを実行しなければ、そのほうが責任問題になると思います」

このように状況と目的に照らして、前例を変えたほうが責任回避したいという関心にとっても優れた方法であることを伝えるのだ。そうすれば「確かに、そのほうが問題にならなそうだし、やってみようか」と上司の賛同を得られる可能性が出てくる。

†正当性をいかに相手に伝えるか

実は、こうした問題の根底には〝正当性〟を担保できない、という問題がある。つまり、「状況」と「目的」に照らせば、前例を変えたほうが正当であることを示せなければ、特に税金で運営されているような組織は「そんな適当な思いつきで変えてよいのか」という批判を逃れられないことになる。「臨機応変」と言えば聞こえはよいが、「ご都合主義」や

「場当たり主義」と何が違うのかと言われると返答に困るだろう。実は、その差異は、「正当性があるか否か」なのだ。したがって、正当性を担保できなければ、直観的によいと思ったことも押し進めることは難しくなるのだ。

たとえば、「君、それが絶対にうまくいく保証はあるのかい?」「うまくいかなかったら誰がどう責任とるんだ、君だけの問題じゃ済まないんだよ」などと上司に言われようものなら、どんなによいアイデアだと思っていても、それを押し進めるのは容易なことではない。状況と目的に照らして、こちらのほうが「よい」アイデアであることを上司に理解してもらう、あるいは、明らかによりよいこちらの方法を採用しないことのほうが「重い責任問題になる」と説得する。そのための〝文法〟がないことが根本的な問題だったのだ。そしてその〝枠組み〟として〝方法の原理〟と〝価値の原理〟といった理路が有効となるのだ。

ちなみに、ほとんどの人は「絶対にうまくいく保証はあるのか」と言われると、「絶対にと言われると……」と返答に詰まってしまうものだ。それはこの問いが行動を抑制するからである。この種の問いは哲学的にいえば、〝絶対性〟を織り込んだ問いになっている。しかし原理的に考えれば、どんなことでも〝絶対〟ということはありえない。人間に限界がある限り、「絶対だ」と思うことはできても、絶対であることを保証することはできない。あなたの会社が1年後、10年後に存在していることを確信することはできても、絶対に存在しているということを保証することはできない。それと同じように、思慮深い人であるほど、「絶対にうまくいく保証はあるのか」と言われると、「そのような保証はできないのですが」と言わざるをえなくなるのである（いわゆる「哲学研究者」の多くが取り組んでいる「哲学上の難問」もこの「絶対性が織り込まれたことによって生じた疑似難問」であることが多い）。

このような場合も、「私は、状況と目的に照らしたら、この方法のほうがより有効と考えたため提案させていただいたのですが、さらに有効な方法があれば、ぜひお聞かせいただけませんか」と言えば、建設的な議論に戻すことも可能になる。こうした〝抑制する問い〟を打破する際にも、方法の原理は活用できるのである。

†建設的に代案を出し合うためのスキーム

第1章でも触れたように、「何でもいいから自由に意見を言い合いましょう」という姿勢は、オープンに議論できるようでいて、建設的な議論の方法としては機能しないことが多い。代案を出すことなく、「完璧ではないと思います」「そういう話は好きじゃありません」「やめたほうがよい」といったナイーブな批判は誰でも簡単に言えるからだ。

〝方法の原理〟を共有することは、建設的に議論を重ねるためにも有効だ。それによって、〝状況〟と〝目的〟に照らして、ベターな方法を提案し合う建設的な言語ゲームの枠組を作ることができる。

さらにこの方法では、多くの人の知恵を反映できるのみならず、アイデアをみんなで具体的なかたちにしていくことになるため、それぞれのメンバーにとって、「子ども」のように愛着を持てるようになり、自然と立派に育て上げたい、成功させたいというモチベーションにつながるというメリットがある。

実際、私が「ふんばろう」を日本最大の総合支援組織に育てることができたのは、こうしたトップダウンでもボトムアップでもない、多くの人を巻き込みながら建設的にアイデアを出し合い、かたちにしていくための第三の方法を持っていたことが大きい。

†戦略とは何か

チーム運営や組織を成功に導くには戦略が欠かせないが、そもそも「戦略」とは何か。

まず〝戦略の本質〟について考えてみたい。戦略については、様々な論考が発表されている。たとえば、代表的な著作の一つとして野中郁次郎・戸部良一ほか著『戦略の本質』（日本経済新聞社）があるが、そこでは、戦略とは「弁証法」「目的の明確化」「時間・空間・パワーの場の創造」「人」「信頼」「言葉（レトリック）」「本質洞察」「義（ジャスティス）」「賢慮」「社会的創造物」といった多様な観点から考察されている。これらはいずれも戦略には重要な洞察ではあるが、戦略の本質（最も重要なポイント）を摑むという目的に照らすと、議論が拡散している感は否めない。

では、戦略の最も重要なポイントとは何なのか。戦略を他の言葉でどのように置き換えれば、その本質を捉え、活用しやすくなるのだろうか。ここではまず、「戦略とは追いかける指標である」とする鈴木博毅氏の議論（『「超」入門　失敗の本質』ダイヤモンド社）を出発点として、戦略とは何かを考えよう。

鈴木氏は、「戦略とは、いかに「目標達成につながる勝利」を選ぶかを考えること」と述べている（著書では「目標」と記載されているが、以下「目的」とする）。氏はミッドウェー海戦における日本軍とアメリカ軍を対比させて、日本軍は、戦力総数で勝ることに成功し、島の爆撃にも成功しているが、それらは目的達成につながらない勝利であった。それに対して、アメリカ軍は目的達成につながる勝利だけを摑み取り、戦況を逆転させていったという。この目的達成につながる勝利のことを、「追いかける指標」と呼んでいるのだ。

マイクロソフトとアップルにみる戦略

ここでは、なぜ「追いかける」という表現をしているのか。それは日本軍の強みは、体験的学習によって偶然的に得た発見を練磨し、その極限を目指す文化であるのに対し、米軍の強みは、戦闘中に発生した「指標（戦略）」を意識的に読み取り、その指標を無効化し凌駕《りょうが》するといった〝新たな指標を追求し続ける自覚的態度〟にあると考えているためだ。

零戦は、空戦性能を極限まで追求した機体に加え、実践経験豊富なパイロットをさらに鍛え上げることによって圧倒的戦果を挙げた。しかし、それに対して米軍は、零戦の強さは「旋回性能」にあるという指標を発見した。そこで「サッチ・ウィーブ戦法」という二機一組で零戦と対峙する方法を考案した。

旋回した零戦に一機が後ろをとられた際には、味方のもう一機が零戦を撃墜するポイントに入ることにより、「旋回性能」という指標を無効化し、「連携性」という新たな指標で戦うことにより空戦の優位を取り戻したのだ。

また、新しい指標を使いこなした例として、米国マイクロソフト社を挙げている。従来の企業は「機能」と「価格」という指標を追求していたが、マイクロソフトはソフトを他のコンピューターでも使えるようにする「互換性」と、そのネットワークに接続している人の数が増えるほどネットワークの価値が増大するという「ネットワーク効果」という二つの新たな指標を追求した。互換性を有するワードやエクセルといったソフトが多くのユーザーを獲得するほど、それが標準となり、多くのユーザーを取り込んだ。こうした製品自体の属性以外の新たな指標を追求したものが「プラットフォーム戦略」と呼ばれるようになったのだ。

しかしこれに対して、米国アップル社のスティーブ・ジョブズはさらに、「お洒落なデザイン」「感覚的な操作性」といった新指標を追求したiMac、「ネットワーク型の利便性」を追求したiPodやiTunes、「オープンソースによるアプリ開発」といったアプリ戦略により爆発的にユーザーを増やしたiPhoneというように、既存指標を変更、無効化することで2011年には時価総額世界一の企業となった（現在も同一位をキープ）。このように〝イノベーション〟とは、支配的な指標を把握し、それを無効化し、さらに凌駕しうる新指標で戦うことなのである。

†しなやかなチーム作りのための〝戦略の原理〟

ここまで述べてきた鈴木氏の本質観取は、「戦略」という言葉を他の言葉に置き換え、さらにイノベーションという用語にまで応用洞察を可能とした非常に優れたものと言える。ここでは、これをさらに〝戦略の原理〟へとバージョンアップしていきたい。

戦略とは目的達成のための方法である。では、「方法」とは何か。方法は必ず特定の状況で使われる（理想空間で使われるわけではない）。我々は、特定の状況において何らかの目的を達成するための手段を「方法」と呼んでいるのである。つまり〝方法の本質〟とは「特定の状況において何らかの目的を達成する手段」と言える。

つまり、よい方法とは、どのような状況で何をしたいか（目的）による。逆に言えば、目的と状況に無関係に絶対に正しい方法は成立しえない、ということになる。絶対に正しい方法はない。しかし、状況と目的を勘案したときに有効な方法はある。したがって、方法の有効性は状況と目的から規定される。これが〝方法の原理〟であった。

さて、しなやかなチーム作りというが、そもそも、「しなやかさ」とは何だろうか。単にふにゃふにゃ、ぐにゃぐにゃのものを「しなやか」とは呼ばない。状況の変化に柔軟に対応しながらも、しっかりと根をはり、芯が通っている状態を「しなやか」と言う。根や芯にあたる目的や理念がしっかりとありながらも、そうした状況の変化を捉え、柔軟に対応できるチームを、「しなやかなチーム」と言うのである。

状況と目的に照らして有効な方法は変わる。この考え方に沿って常に行動、実践するチームを作るには、まずこの考え方をチームメンバーで共有する必要がある。

そして、この〝方法の原理〟はしなやかな戦略立案にも欠かせないものになる。

この観点を加えれば、戦略とは、「特定の状況において目的を達成するために有効な指標を追求すること」と言える。言い換えれば、〝戦略の原理〟とは、「状況と目的を見定めながら有効な指標を追求、選択、創出し続けること」なのである。したがって、この戦略の原理を視点として、状況と目的を見定めながら、その都度、有効な指標を追求していけばよいということになる。

被災地支援にみる〝戦略の原理〟の有効性

〝戦略の原理〟の観点から、支援活動における既存の指標と「ふんばろう」の指標を比較してみよう。

日本は災害大国である。毎年のように〝前例のない〟自然災害が起こる。地震に関しては、ここ20年をみても、1995年阪神淡路大震災、2004年新潟県中越大震災、2011年東日本大震災と、「震災」と名のつく巨大地震が7年から9年おきに襲ってきている。あなたは自分の出身地が壊滅的な打撃を受けたとしたら、困っている故郷の人たちのために何をするだろうか。

一般的には、まず「お金」を集めようとすることが多いだろう。いわゆる「支援金」や「義援金」を集め、それを被災地に寄付するわけだ。それがオーソドックスな支援の方法だ。実際、「お金」を集めた団体は多くあった。その代表が日本赤十字社であり、東日本大震災では3300億円ものお金を集めた。しかしほどなくすると現地で義援金が配られていないことが明らかになった。日本赤十字社が集めた義援金は、各都道府県から被災者に分配される。ところが震災直後、現地の行政も壊滅的な打撃を受け、誰が生きていて誰が亡くなったのか、それすらわからない状況で、配りたくとも配れなかったのである。さらにいえば、そもそも町が壊滅してしまった多くの地域では、お金があっても物は買えなかった。東日本大震災の直後において、「お金」は有効な指標とはならなかったのだ。

そうした中、それぞれの自治体ごとの「支援物資の募集」に協力した人も多いだろう。

行政は被災地外の自治体で集めた支援物資を、被災地の県、市町村、拠点避難所、避難所、被災者へと、多くの階層を経て仕分け、配分していく仕組みとなっている。しかし、前例がないほど広域に渡って壊滅的打撃を受け、膨大な物資が送られてきたため、倉庫が満杯になってしまった。すると物資の受け入れすらできなくなり、各自治体が集めた物資も行き場をなくしてしまうケースが多々みられた。

震災1カ月後の2011年4月、そうした「状況」を踏まえ、「ふんばろう」では、「必要な人に必要な物資やお金を直送すること」を新たな指標とすることで、3000カ所以上の避難所や仮設住宅群、個人避難宅エリアを継続的にサポートすることを可能にした。

ところで先にも触れたように、この新たな方法は、各避難所に連絡先を知らせるだけで必要な物資が届き続けるため、当初ある自治体にこの仕組みを勧めたこともあったのだが、自治体職員が首を縦に振ることはなかった。こうした行政の対応にも、前例にとらわれ、状況の変化に合わせて柔軟に新たな指標を追求することを苦手とする日本の文化的な特性がみてとれる。しかし、だからこそ〝戦略の原理〟が重要になるのである。それを視点とすることで、戦略を純化させ、状況と目的に照らして有効な指標を自覚的に追求、選択、創出し、意図的に戦略構築することが容易になるのだ。

†新指標は実現できてこそ「戦略」となる

また壊滅した地域の避難所は、家族や友人、家、仕事といったあらゆるものを失い、瓦礫だらけになった故郷を前に何もできずに鬱々と過ごすたくさんの人で溢れていた。そこで「重機免許取得プロジェクト」を立ち上げた。これは現地での瓦礫の除去や建築を仕事とするために、必要になる重機免許を無償で取得できるよう支援するというプロジェクトだ。それによって1100名以上の被災された方々が重機免許を取得し、仕事につなげていった。

一つの重機免許は数万円の費用で、数日あれば取得できる。数万円の義援金では1週間でなくなってしまうが、このお金で重機免許を取得できれば、その後仕事につなげることで何十倍、何百倍といったお金を稼ぐことも可能になる。これは「義援金」という指標から、「キャッシュ・フォー・ワーク」という仕事につなげるための新指標を追求し、実現したことを意味する。

「キャッシュ・フォー・ワーク」という標語は存在していたものの、震災直後はかけ声だけで終わっていた側面も否めない。新たな指標も、単に標榜するだけでは意味がない。実現することによってはじめて目的を達成する戦略になる。そのため戦略を実現する際にも、「状況と目的を見定めながら有効な指標を追い求めること」という〝戦略の原理〟は有用な視点となるのだ。

Column 3　ビッグウェーブ

――高校総体の団体戦で負けてしまった経験から心理学に興味を持たれ、心理学を学ぶために、早稲田大学に進学されました。人間科学部ですね。

西條　はい。人間科学部の「人間基礎科」(当時)に入学しました。本当は臨床心理系に強い「人間健康科」に入りたかったんですが、間違って、似たような名前の「人間基礎科」という……。

――すみません、今「間違って」とおっしゃいましたか?

西條　ええ、願書を出すときに間違っちゃって。

――「間違って違う学部に入った」という話は笑い話として聞いたことがありますけど、本当に間違っちゃった人に、初めて会いました(笑)。

西條　受かったあとで気づいたんですけど、まあ、心理学は学べるし、大学は自分で学ぶ場所なんだから別にいいかと。

――すごいプラス思考ですね（笑）。

西條　もともと、親からは「経済的に、国立じゃなきゃ無理」だと言われていたんです。でも、早稲田に行きたかったので、親に「自分のお金で受けるし、受かっても行かないから受けさせてほしい」とお願いして、国立大学の受験で東京に行ったついでに受験させてもらって。

――あのう、「受かっても行かない」というのは……。

西條　（とくに意に介する風もなく）だから、きちんと願書を読んでいなかったのかもしれませんね。結局、早稲田と国立大学も合格して、「どうしようかな」と。というのも、私学の早稲田に入るなら基本的に「仕送りなし」で自活していかなければならない状況だったので、大変なのは目に見えていました。

でも、「行きたい大学に行けない」ことと「生活で苦労する」こと、どっちを選んでも後悔はあるだろうし、それなら、行きたい大学に行くべきだと思って早稲田に決めたんです。幸い、早稲田は奨学金制度が充実していたので、奨学金をいただき、足りない分は家庭教師のアルバイトでなんとかやってました。本当に大変なときは親や親戚が、助けてくれましたし。

ど。

――じゃあ、苦学生だったわけですね。今のお姿からすると、意外な感じもしますけど。

西條　大きな声では言えませんが、当時は電話、電気、水道……しょっちゅう止められたりしてました。電気は、まあ、まだ我慢できるんですけど、正直、水道はキツかったです。近所の公衆トイレまで、わざわざ、走らなきゃならないので（笑）。

ちなみに、高校ではまったく勉強しなかったので、数学で0点を取ったりして、二浪の末、ようやく早稲田に入ったんです。どんどん話が脱線していきますけど。

――脱線はいいんですが、「数学0点」とか「二浪の末に」とかって、大学の先生にまでなった方が？

西條　高校はわりとスポーツが盛んで、その地域では二番目の進学校でした。で、高校の入学試験では首席だったんですが……。

――え！　トップ合格ですか。めちゃくちゃ勉強できたんですね。

西條　いや、ちいさい妹もふたりいましたし、親には、すべり止めの私立校に仮入学金を払うのはもったいないから、払わなくていいと言っていた手前、落ちると行き場がなかったんです。で、本気で勉強したら首席だと連絡がきまして。実は、入学式の前に両親が呼び出されたんです。ふたりはぼくが何かやらかしたのでは……と心配しながら行ったようです（笑）。

でも、テニスをやるためにテニスの強い高校に入った、くらいの気持ちでいたので、1年生の夏休みの終わりには「300番台」に急落していました。

——浮き沈みの激しさが半端じゃないです。

西條　0点を取ったときは、部活のみんなには拍手喝采されましたが、さすがに学年主任に呼び出されて「トップで入ってこんな点数を取ったやつは今までいない」とこっぴどく怒られました。

——たいへん僭越ながら、西條先生のことを漢字であらわすとしたら、「極端」という2文字だと思いました。

西條　関心あることにはとことん没頭するんですが、どうも関心がないとサッパリダメなんです。だから、中学の先生にも「ビッグウェーブ」と呼ばれていました（笑）。

ぼくは自分が本当にやりたいことでなければ力を充分に発揮できない。これらの経験からそのことがわかっていましたから、サラリーマンは無理だ、やるなら学者がいいだろうと思ったんです。

――今の仕事は天職なわけですね。「0点」のこと、おもしろそうなのでもう少し、お伺いしてもよろしいでしょうか。科目は「数学」ということですが……。

西條　三角関数ってあるじゃないですか。

――いわゆるSin（サイン）Cos（コサイン）Tan（タンジェント）というやつ。

西條　ぼく、あれを、テストの前日になって友だちに「このシンコスタンって何のこと？」と聞いていたらしいんですよ（笑）。

――読み方からして間違ってる……。

西條　0点を取ったテストは記述式の問題で、自分なりにすべて解きました。このとき友だちと、点数の高い方が勝ち、自信がなければ半額払って降りることができる、というルールの賭けをしていたんです。賭け金は「1000円」。テストのあと「ぜんぶ解いたよ」と言ったらそいつは自信をなくしたのか、500円を払って勝負を降りました。

――その時点で、賭けには勝ってますね。

西條　はい。でも、実際フタを開けてみたら……。ぼくの答案、すべての欄に「○」がついていました。「やった！」と思ったのも束の間、合計点数のところにも「○」

がついていて。「マル」じゃなく「ゼロ」。しかもぼくが0点で、そいつは60点。ものすごく悔しがってました（笑）。で、そのときに「実力と勝負というのは別物なんだな」と痛感したんです。

――そこでも「心の問題」が関係していたというわけですね。

西條　というより、これはそれ以前の問題だと思いますけど（笑）。

第４章

機能するチームとは

——「人間の原理」

1　適材適所とモチベーション

†適材適所とは何か

チームや組織において「適材適所」が重要であることは、これまでにも言い尽くされているが、それを「能力」という観点からだけ考えている人がほとんどなのではないだろうか。実際、辞書には「人の能力・特性などを正しく評価して、ふさわしい地位・仕事につけること」といった記載がされている。

しかし能力的にはぴったりのはずなのに、モチベーションが低く、ついには辞めてしまったということも起こるのが人間だ。なぜそのようなことが起こるのだろうか。ここでは機能するチーム作りには欠かせない〝適材適所の本質〟を明らかにしていく。

適材適所を「能力」だけで判断すると何が問題なのか。機械ならば、性能だけで判断して、正しいパーツを正しい箇所に当てはめていけばよい。しかし、人間は機械ではない。ここで抜け落ちているのは「チームを構成するのは心を持つ人間である」という観点だ。

†すべての人間に共通する心の本質とは何か

では、人間とはどのような心を持っているのだろうか。すべての人間に共通する本質とは何だろうか。それは、「すべての人間は関心を充たして生きたいと欲してしまう」ということだ。

人間の関心は多様だ。ある人は仕事に命をかけ、ある人は子育てをしていれば幸せを感じる。ある人はジャニーズの追っかけをして、ある人は本ばかり読み、ある人はパチンコにあけくれ、ある人は毎日走り続ける……。それぞれ関心は異なっていても、その関心を充たしながら生きたいと欲する点では同じなのだ。

すべての価値は欲望、関心や目的に応じて立ち現れる(〝価値の原理〟)。人は、関心に応じて立ち現れた価値を手に入れ、充足させたいと欲して生きているのである。

†モチベーションは関心に基づく

価値判断やモチベーションの基点となるのは〝関心〟である。逆にいえば、まったく関心がない事柄については、モチベーション以前の問題であり、良い/悪いといった価値判断以前の不毛の荒野が広がるばかりなのだ。

人間は生きたいように生きたいのであり、したいことをしたいのだ。しかし、できることとしたいことは違う。やろうと思えばできるがやりたくはない、ということもある。

わかりやすく考えてみよう。たとえば、あなたにふつうの人よりもマラソンの才能があったとしよう。少し練習すればかなりよいタイムで走ることができる。しかし、自分にとって走るのは苦しいだけで、マラソンしている人を見ても、なぜ毎日あんな辛いことをしているのか、まったく理解できない。そんなあなたが会社の駅伝の選手に抜擢され、「社業の一環」として毎日猛練習を課せられたらどうだろうか。短期間はがんばれても、毎日苦しい練習を課せられているうちに、「こんな思いをするなら、いっそ会社を辞めたほうがいい」と考えるようになってもおかしくはない（そうした環境に置かれたことが契機となって走ること自体に関心を持つようになる可能性もゼロではない。しかし、そうでなければ激しく消耗するに違いない）。

†「関心」は見落とされやすい

わかりやすくするために極端な例を挙げたが、これと同じようなことをしている組織はかなりあるように思われる。本人に希望を聞いても、実際の業務にはまったく反映させずに、組織がやってもらいたい仕事だけ割り当てている会社は腐るほどある。「社員がやる気がなくて困ったものだ」「最近の若い人はすぐに辞めていく」とぼやいている人は星の数よりも多いだろう。しかし、それは、自らが社員のモチベーションが下がるようなマネジメントをしているためだと自覚できている人はごくわずかだ。

器用な人は、やりたくないことでもできてしまう。また我慢してやってしまうという人もたくさんいるだろう。そうした〝何でもこなせてしまう人〟は、チームでも重宝される。事実あらゆる業務に喜びを見出せる人もいないことはないが、それは、そう見える人のごく一部と思ったほうがよい。

リーダーは、パフォーマンスに直結する「能力」は考慮しても、「関心」は見落としやすい。しかし、まったく関心のない仕事は、当人の心を徐々に、あるいは急速に消耗、疲弊させる。そのままにしておくならば、辞めるか、それすらできない場合鬱病となり、最悪の場合自殺することだってありうる。周囲の多くが不幸になり、当然組織のパフォーマンスも著しく低下する。

あなたがもし先の例のように、走ることにまったく関心がないにもかかわらず、能力的に適材だからといってずっと駅伝の選手でいることを強いられたらどうだろうか。想像してみればすぐわかるはずだ。関心を尊重しないマネジメントは、人間の本質から外れているがゆえに、誰も幸せにしないのだ。

†才能の壁と関心の壁

では、「好きこそ物の上手なれ」は本当か。それは「上手」の範囲にもよるが、半分は本当だが半分は嘘と思っておいたほうがよい（少なくともいくらでも例外があるという意味では原理ではない）。

当然ながら、逆に「好きだが向いていない」ということはある。「下手の横好き」というやつだ。閃きや才覚が重要な位置を占めるような仕事や、超一流の内容や成果が求められるような仕事には、やはり向かないであろう。しかし、そうした仕事でなければ、好きであれば続くことが多いため、同じ水準に達するまで時間がかかったとしても、それなりに上達して、戦力になることもあるだろう。

それでもやはり、才能がなければ到達することができない領域というものはある。好きなことは続けられるが、向いていなければ極めることはできない。だが、それは、才能はあるが好きではない場合も事情は変わらない。向いていたとしても、好きじゃなければ続かないため、結局のところ極められないのだ。学生時代の習い事や部活を思い出してみてほしい。自分より才能があったのに辞めてしまったという人は、実はかなりいるはずだ。辞めてしまったら才能もヘチマもないのだ。

こうした「才能の壁」、「関心の壁」に阻まれないためには、能力と関心の双方が重要になるということだ。したがって、〝適材適所の本質〟とは、さしあたり「関心と能力を踏まえながら、それに適合する仕事や役職を与えること」と言える。

†日本一社員満足度の高い会社にみる実践例

次に2009年度と2010年度の2年連続日本一社員満足度が高い会社に認定されたECスタジオ（現ChatWork）を、適材適所の実践例としてみてみよう（山本敏行著『日本でいちばん社員満足度が高い会社の非常識な働き方』ソフトバンククリエイティブ）。

代表の山本敏行氏は、「社員のモチベーションはどうやったら上がるのか」という問いに対して、「まず「自分の得意なこと」や「やりたいことがやれている」状態であるということが大切」であり、「反対にモチベーションが下がる原因は「会社からやらされている感が強い」仕事である」と述べている。
ここでこういう疑問を持つ人もいるかもしれない。「得意なことでやりたいことができたらそれほど幸せなことはないが、やりたくないことをやらざるをえないのが仕事ではないか」と。

その通りである。山本氏も「もちろん、すべてがその人の得意なこと・やりたい仕事である必要はなく、やらざるを得ない仕事もあって当然です」とした上で、ポイントは、「やりたいことができている仕事の割合」や、「上司が自分の意見を聞いてくれたり、採用してもらえるかもしれないという可能性を感じることができる組織の状態を作り出しておくことが重要である」という。

まず割合に関しては、白か黒か、やりたい仕事かやりたくない仕事かではなく、一定の割合で「得意でやりたい仕事をしてもらうこと」、できれば「得意でやりたい仕事が増えるようにできるだけ配慮すること」をマネジメントにおける戦略的指標にするとよい。

†できるだけ関心と能力にみあった仕事を

このときに「一番やりたい仕事」だけにとらわれると現実的にはマネジメントできなく

なるため、「人間は多様な関心を持っている」ということを念頭に置く必要がある。何かを創り出すことに一番関心があるというクリエイティブ系の人でも、教えることにも関心があり、誰かをサポートすることにも関心がある、という人もいる。他方で、コツコツとルーティンワークに取り組むことに一番関心があるが、誰かをサポートすることにも関心があり、また好きな人と働くことにも関心があって、そういう条件なら直接関心のないことにも取り組めるという人もいる。その人が強く関心を持っている「ベスト関心」に入る上位関心を複数把握しておくと同時に、まったく関心のない「ワースト関心」も複数把握しておく。その上で、できるだけいくつかの上位関心に沿った働き方になるようマネジメントするのだ。

先述した「上司が自分の意見を聞いてくれたり、採用してもらえるかもしれないという可能性を感じることができる組織の状態」を作るということに関しては、ＥＣスタジオでは、プレゼンできる機会を定期的に与えることによりモチベーションが上がるようマネジメントしている。要するに、「好きなことを仕事にできるチャンスを仕組みとして実装している」ということだ。これは社員にしてみれば、よいアイデアを生み出せば自分の好きなことを仕事にできるということであり、組織にとってもイノベーティブなアイデアを掬い上げる大きなチャンスになる一石二鳥の仕組みと言える。

さらに、ECスタジオでは、採用した社員が求めていた人材にマッチしていなかった場合には、「別の業務を任せてみたり、部署を異動させてみたり、何か光り輝く才能が発揮できる場所を探し」適職を見つける。それでも解決できない場合は、「その本人の最も優れている強みが発揮できる部署を新設」すると言う。実際、ECスタジオには、一人だけの部署が二つあり、それぞれ素晴らしい活躍を見せている。これはOne To One マーケティングの優れたマネジメントへの応用と言うことができる。

このように、スタッフのモチベーションを高めるためには、関心を尊重したマネジメントが肝となるが、それにしてもほとんどの場合、一定の「やらざるをえない仕事」があるのが仕事というものだ。そうした仕事の現実的制約を考慮すれば、〝適材適所の本質〟とは、「できるだけその人の関心と能力にみあった仕事や役職を与えること」といった表現のほうが適切かもしれない。本質を定義する際には、このように洞察を深めていき、微細な表現にも反映させていくことが重要となる。

†〝本質〟の有効性はどのように判断されるのか

以上、「適材適所」の洞察を深めてきたわけだが、「能力」を中心とした従来の辞書的な意味での「適材適所の定義」と、「能力」と「関心」の二つのポイントが明示化されている〝適材適所の本質〟は、適材適所を実践しようとしたときにどちらが有効な視点となりうるだろうか。それは、モチベーションの基点となる「関心」が加わっている後者のほうが有効であることがわかるだろう。

ただし、ここで言う本質とは、その事柄(や、それを指し示す言葉)の〝それをそれたらしめる〟最も重要なポイントを表現したものであり、「真実」や「真理」といったものではないことに注意が必要だ。本質を真理だと思ってしまうと、検証可能性、更新可能性に閉ざされてしまい、異なる本質を真理と信じる人との信念対立に陥ってしまうためだ。

また、ここにも〝価値の原理〟は適用されるため、本質定義の有効性もまた関心に応じて変わる、ということも念頭に置いておくとよい。つまり、関心の置き方によっては、また違ったポイントを加えたほうがより有効になるということもありうるのだ。

†一番大事なことは明示しないという方法

たとえば、「チームメンバーの応募、選定」という観点から〝適材適所の本質〟を考えた場合、「最も大事にしている価値観が合っていること」というポイントを加えることもできる。企業で言えば、企業理念に心から共感する人を採用するということだ。最も大事な価値観がズレているということは、根本的な関心がズレているということなのだ。そうすると、すべての価値判断の根本がズレるため、何かとチームワークに軋轢が生じる。根本的な価値観の違う夫婦がうまくいかないのと同じである。

価値観の見極め方は、直観によるところも大きい。単純に言えば、話していて「そうそう、そうなんだよね」と心から共感でき、阿吽《あうん》の呼吸で話が進んでいくような人は価値観の合っている人と言える。ことあるごとに「なんかズレてるんだよな」と違和感を覚える人は、そうではないと思ってよい。

糸井重里氏は、採用の際に、最も重要なポイントは逆に明らかにしないと言う。大事にしているポイントをすべて明らかにすると、それを逆手にとって、本当は共感していないのに共感しているふりをして応募してくる人がいるためとも考えられるし、そもそも本当に大事なことは直観的にそう思ったからとしか言いようがない場合も少なくないからだろう。一番大事なことは明示しない。これも一つの重要な知恵と言えよう。

ともあれ、チームメンバーの選定という観点（関心）からみた〝適材適所の本質〟とは、

「価値観が合っている人たちの関心と能力を踏まえながら、できるだけそれに適合する仕事や役職を与えること」と言うこともできる。

このように一つの事柄についても、観点（関心）を加えたり変えたりすることで、その本質の定義の有効性は変わりうる。もちろん本書で提示している様々な〝本質〟もひとつの言い当てであり、それ以上に優れた――それをそれたらしめている重要なポイントを言い当て、かつ実践する際に有効性の高い――定義を作ることも可能だ。それぞれが関心のある「〇〇とは何か」という本質観取ゲームを行ってみることをお勧めしたい。

〝適材適所の原理〟によるダイナミックな采配

人間は生きたいように生きたい、すなわち「関心を充たしながら生きたい」という点で共通した本質を持っている。原理的に考えれば、あらゆる価値は関心に応じて立ち現れるため、人はその価値を充足したいと望んでしまうのだ。そして人間の関心は不変ではなく、移ろい変化するものだ。ある仕事に関心があって一生懸命取り組んでいても、一定の成果を出して満足したことで関心を失ったという経験をしたことはないだろうか。人は飽きてしまったり、お腹いっぱいになり満足したり、疲れたりすることで、関心が移り変わっていく存在なのである。もっとも、その人にとってライフワークと言うべき仕事であればそうしたことは起こりにくいが、それでも、どんな大好物であっても食べ過ぎたら一時的に食べたくなくなるように、一時的に関心を失うということは起こりうる。

また能力的にも、がんばれば達成できるぐらいの目標が、人のモチベーションを高めることはいくつもの研究でも明らかにされている。そのため、能力が上がることによって、やりがいのある仕事が退屈な業務に変わるということもある。

かつては適材適所だったとしても、関心、能力を含めた状況が変化する以上、将来にわたって適材適所であり続ける保証はどこにもない。〝適材適所〟とは一度配置したらそれでよいといったスタティックな事態ではなく、ダイナミックな采配と捉えておいたほうがよい。すなわち、「(1)移ろいゆく関心と(2)能力と課題のバランスといった二つのポイントを見定めながら業務内容を調整すること」、これが〝適材適所の原理〟なのである。

†多くの仲間を巻き込むプロジェクトのみ始動できる

「あらゆるスタッフの移ろいゆく関心と能力、課題のバランスを見定めながら調整する」と言うと、難しく感じられるかもしれない。確かにトップダウンで管理、調整するのは容易なことではないが、自己組織的に、結果として適材適所を実現してしまう方法はある。その仕組みを、「楽しいからこそ、仕事はできる」をモットーに楽しく働きながら社会的に価値のあるコンテンツを生み出し続けている「ほぼ日刊イトイ新聞（ほぼ日）」の経営を例にみてみよう。

「ほぼ日」には、特定の部署が存在しない。そして誰もが自分がやりたいと思った仕事を発案することができる。そして、その発案を周囲のスタッフがおもしろいと感じたならば、どんどん参加していき、自然発生的にプロジェクトが立ち上がる。逆に言えば、周囲の仲間におもしろいと思ってもらえるほどの熱とポテンシャルを備えていなければ、プロジェクト化する前に自然淘汰されるというわけである。

多くのスタッフを巻き込んでいくことができたならば、それはみんなにとって〝やりたいこと〟であり、〝やる価値のあること〟であるため、自ずと高いモチベーションで取り組むことになる。モチベーションが高く、多様な特技を持つ人たちが集まり仕事に取り組めば、自ずと質の高いコンテンツが出来上がる。また、あえて部門ごとに分けないことで、そのプロジェクトに関わった人たちが開発から販売まで高いモチベーションで取り組むことも可能になる。「楽しいからこそ、仕事はできる」。このモチーフには「ほぼ日」を経営する糸井重里氏の人間の本質に寄り添う思想がみてとれる。

こうした方法によって、現場では「こんなことをしても意味がないのに」と誰も価値を認めていないようなものが、上からの命令によりプロジェクト化して進行してしまうような、リソースを膨大に浪費するという事態は避けられる。価値を見出せないプロジェクトに無理矢理参加させたところで、その人のモチベーションが高くなるわけはないのだ。

†従業員をボランティアと思うことで人間の本質に沿いやすくなる

水は高いところから低いところに流れる。重力という自然法則に沿って、自然とそうなる。それと同じように、「関心を充たしながら生きたい」という人間の本質に沿っていれば、人は楽しんで仕事に取り組む。しかし、その本質に沿っていなければ、水を低いところから高いところに引き上げる必要が出てくるため、ポンプのような特殊な装置が必要になる。それがお金（賃金、報酬）といった外発的動機づけの装置でもある。

外発的動機も使いようによっては有効な手段となりうるが、それは人間の本質に沿ったマネジメント、仕組みの上でこそ有効に機能するものなのだ。

本質とは、ある事柄に共通する最も重要なポイントのことであった。そのため本質から外れると必ず失敗する。補助的手段で誤魔化すことができたとしてもそれは一時的であり、持続的に成功し続けるためには本質に沿っていなければならないのだ。

このことはボランティア・プロジェクトを運営するとよくわかる。金銭的報酬という外発的動機によりモチベーションを高める手段が使えず、ボランティアとして働く義務はないため、人間の本質に外れたマネジメントをすれば翌日から来なくなってしまう。ドラッカーは、「フルタイムの従業員さえ、これからはボランティアのようにマネジメントしなければならない」(『明日を支配するもの』前掲書)という至言を残したが、これは人間の本質に沿わなければ、その人のポテンシャルを最大限に発揮させることはできないということだ。

『DIAMONDハーバード・ビジネス・レビュー』の岩佐文夫編集長が「昇進・昇給などでモチベーションをあやつれる株式会社を運営していくほうが、それが一切きかないNPOやボランティアをうまくマネジメントしていくよりも楽だから、マッキンゼーで極めた人はどんどんNPOにチャレンジする」と言っていたことがある。確かに「ボランティア組織を動かすことは本質を踏まえていなければできない」という意味では、はるかにチャレンジングな側面があるのも事実なのだろう(もっとも、営利組織を運営する際の特有の難しさがあるのもまた事実であるが）。

†〝インタレスト・ベースド・マネジメント〟

「ふんばろう」では、数千人のボランティアに無給で働いてもらう必要があったことから、マーケティングから資金調達、組織運営に至るまで、「関心」を基点として運営していた。これを〝インタレスト・ベースド・マネジメント〟と呼ぶ。

具体的には、まず物資、家電、重機、ＰＣ、手紙、ミシンといった多種多様なプロジェクトからなる総合支援プロジェクトにしたことにも、単に幅広い支援活動を行うこと以上の理由がある。支援者の関心は多様である。関心を多角的にカバーすることで、ホームページを訪れた支援者が「これなら支援したい」と思えるプロジェクトを見つけることができるようにしたのだ。

多様なプロジェクトがあることは、ボランティアしたい人にとっても、関心があるプロジェクトを選ぶことができることを意味する。関心があるということは、活動することそれ自体に価値を見出せるということだ。外発的動機と言われる金銭的報酬が動機にはなりえない無償のボランティアにとっては、こうした関心に適う内発的動機が決定的に重要になる。繰り返すが、この「内発的動機」の重要性は営利活動においても変わるものではない。

またミーティングやフェイスブック・グループ上で、「こういう活動もやったほうがよいのでは」という意見が出た場合には、「では、ぜひやってみてください」と、まずは提案者にやってもらうようにしていた。提案するということは、その人はそのことに関心があり、自分のアイデアは価値があると思っていることにほかならず、まずはその人にやってもらうのが最も理に適っているためだ。

その提案者が能力的にリーダーに向いている人であれば、その人に継続してやってもらえばよい。しかし提案者が必ずしも、リーダーに向いているとも限らない。サポートに向いている場合もあれば、裏方に向いている場合もある。

では、どういう場合に、リーダーに向いていないと判断するか。一言で言えば、プロジェクトが動かないときだ。提案者はファウンダーとしての〝称号〟は消えるわけではないのだから、そうした場合、適材適所の観点から、適任者にリーダーになってもらったほうがよい。

しかし、立ち上げ時は、動機（関心）がなければ何も始まらないから、まずはやりたい人にやってもらうのがよい。

†個人のモチベーションとチームのパフォーマンスの両立

その人が中心になってプロジェクトを進めていく中で、周囲の人もこれは価値があると思えるものなら自ずと人は集まり、プロジェクトは成果を上げていくようになる。逆に人が集まらなければ、その時点で終わりとなるが、それは多くの人の関心に適うものでなかったということだ。

「ふんばろう」の中には、そのようなかたちで自然発生的に生まれたプロジェクトがいくつもある（ハンドメイドプロジェクト、動物班等々）。そうした場合、支援活動として大きな意義があると判断した時点で「公認プロジェクト」として予算をつければ、予算ありきのプロジェクトが生まれることはなく、実効性の高いプロジェクトのみ、本格始動させることが可能になる。

このように、適材適所をトップダウンで配置するのではなく、それぞれの〝関心〟を尊重して、ボトムアップに発生し、自己組織的に機能するプロジェクトが残るようにすることで、個人のモチベーションとチームのパフォーマンスを両立させることが可能になる。

どうもチームのモチベーションが上がらないという場合には、この〝インタレスト・ベースド・マネジメント〟の観点からチーム運営を見直してみるとよいだろう。

グーグル「20％ルール」の威力

先に「ほぼ日」が、いかに人間の本質に沿うことによって、楽しく働きながら社会に価値あるコンテンツを生み出しているかをみた。次に、心理学的な観点から、エンジニアが、仕事時間の20％を与えられた仕事以外の好きなプロジェクトに使える米国グーグル社(Google)の「20％ルール」の真価を考える。

「20％の時間を自分の好きな時間に費やせる」などと言うと、サボりを助長するだけではないかと思う人もいるかもしれない。だがそれは誤解である。この仕組みは、まったく無関係の仕事をしてよいとか、好きなゲームに時間を費やしてよいということではない。しかしそう言われても、その分やるべき仕事がおろそかになるのではと、不安になる人も多いかもしれない。

ところが、Gメールのもとになったカリブー、グーグル・マップ、グーグル・サジェスト、グーグル・ニュースといった、もはやネット・インフラの一種と化しているプロダクトは、この20％ルールから生み出されていると聞けば、その威力を認めざるをえないだろう。

しかし、グーグル社の元CEOエリック・シュミットらは、この「20％ルールの最も重要な成果は、そこから生まれる新プロダクトや新機能ではない」と言うのだ。これはどういうことであろうか。エリック・シュミット他著『How Google Works――私たちの働き方とマネジメント』（日本経済新聞出版社）を参照しつつ、まずは20％ルールの内実をみていこう。

†20％ルールとは何か

20％ルールとは、「社員に本来の業務以外の取り組みを認める手段」であり、「日常業務に支障が出ないかぎり、20％ルールをいつ実行するかは完全に自由」である。この20％ルールのオーソドックスな進め方は次のようになる。少し長くなるが引用してみよう。

「優れたアイデアを実現させる第一歩は、全力で取り組む仲間をつくることだ。経営陣は見当違いかもしれないが、仲間のグーグル社員はそんなことはないだろう。私たちが新たな20％プロジェクトを立ち上げようとする社員に常にアドバイスするのは、まずはプロトタイプをつくってみろ、ということだ。それが周囲の人々を夢中にさせる最適な方法だからだ。アイデアを思いつくのは割と簡単で、それより何人かの同僚にプロジェクトに賛同してもらい、自分だけでなく彼らの勤務時間の20％を投じてもらうほうがずっと難しい。そこからダーウィン的な適者生存のプロセスが始まる。」

つまり、新たな20％ルールに基づくプロジェクトを立ち上げる際には、「発案→プロトタイプ作り→仲間集め」というプロセスを通して、プロジェクトをかたちにしていくということになる。

†20％ルールの最も重要な成果とは

これは非常に公平なシステムにみえるが、入社したばかりの社員はどこに行けば何ができるかがわからなかったり、人間関係が構築できていないとプロジェクトを進められず、優れたアイデアが日の目を見ずに終わったりするリスクがある。そこでグーグルは、さらに「デモ・デイズ」というイベントを開催している。

デモ・デイズとは、「一週間ひたすら新しいアイデアのプロトタイプづくりに取り組み、最終日にデモをする」というもので、この期間は、「会議や新プロダクト発表の予定を一切入れない。例外は認めない」というほど徹底している。そして、なじみのない分野で仕事をすることになるエンジニアは、効率的に進められるよう事前に使いそうなシステムの研修を受けることができる仕組みになっている。また、少なくとも1名の仲間を集めなければならず、さらに普段は一緒に仕事をしない人と組むことが推奨される。

最終日のデモは、サイエンス・フェスの一般公開日のようなかたちで行われ、ほとんどのプロジェクトはそこで終わるのだが、「この経験を通じて、どのチームも失敗が許容されることを学ぶ」というのだ。そして20％ルールの最も重要な成果は、「新しい試みに挑戦する経験を通じて、社員が学ぶことだ」として次のように述べている。

「日常業務では使わないスキルを学び、普段は一緒に仕事をしない同僚と協力する。プロジェクトから目を見張るようなイノベーションが生まれることはめったにないが、携わったスマート・クリエイティブは必ず以前より優秀になる。ウルス・ヘルツルがよく言うように、20％ルールほど効果的な社員教育プログラムはないのではないか。」

つまり、20％ルールは、イノベーティブなアイデアを世に送り出すための仕組みだが、確率論的には画期的なアイデアが出てくることは稀である。しかしそれでも、その経験を通してエンジニアは必ず成長することから、「社員教育プログラム」としては必ず成果が上がるというのである。

†重要なのは時間ではなく自由である

『How Google Works』では、「ここで重要なのは時間ではなく、自由だ」と強調しており、側注にて「この自由な感覚は、やれと言われたことではなく、自分がやりたいことをやれるという事実から来ている」として自己決定理論について言及されている。この20％理論は、そうした心理学的な知見、あるいは「関心を充たして生きたい」という人間の本質に基づいている理に適った仕組みと言える。

20％ルールがなぜ世界を席巻しているイノベーションを生みだしているのか。それはグーグルが優秀なエンジニアを集め、高いモチベーションで取り組むことが可能な仕組みを備えているからこそだが、しかし、それだけでは十分な心理学的な説明とは言えない。

†フロー理論

『How Google Works』では触れられていないが、20%ルールの真価は、「フロー理論」という、もう一つの心理学的理論からみることによって明らかになる。

「フロー」とはM・チクセントミハイ（1934―）という心理学者が提唱したもので、「最適経験」ともいわれる。「一つの活動に深く没入しているので他の何ものも問題とならなくなる状態」や「その経験それ自体が非常に楽しいので、純粋にそれをするということのために多くの時間や労力を費やすような状態」を指す（M・チクセントミハイ著『フロー体験――喜びの現象学』世界思想社）。そこでは、10万例以上のサンプルの分析を通して、文化や地域、世代の異なる老若男女が、最適経験について共通した表現をすることが明らかになっている。それを私なりにまとめれば次のようになる。

「フロー」に入ると没頭状態になり、流れるような感覚や、自分の行為を統制できているという感覚がもたらされる。そのことに夢中になっているため、その最中は自己意識も消失し、日頃の悩みも忘れられる。ふと気がついたらすごい時間がたっている。これは、主体的に自分の力を発揮して物事を前に進めているという深い充実感や楽しさをもたらす。

非常にやりがいもあるため、また取り組もうとする。

誰にでも、夢中になって仕事に取り組んでいたら、あっという間に時間が経っていて、深い充実感とともに1日を終えた、という経験はあるだろう。それがどのような条件で起こるのかを明らかにしたのがフロー理論なのだ。つまり、フロー状態を構造化することによって再現可能なものにしたのがフロー理論と言える。

†真にイノベーティブなアイデアが生まれるための条件

では、その条件とは何だろうか。

フロー状態は、

① チャレンジングだが達成する見込みがある明確な目標があり、

② それに能動的に取り組めていて、

③ 直接的な手応えやフィードバックがある、

という三つの条件が満たされたときに生じる。

そして、これらは、先に挙げた「デモ・デイズ」の条件にすべて当てはまっていることがわかるだろう。自分が発案したプロジェクトを(能動性)、グーグルの事業とするため

（チャレンジングな目標）、1週間それにのみ集中して取り組んだ後（後述する集中条件の確保）、デモにより評価を受ける（直接的なフィードバック）。

先にグーグルですら、デモの段階で多くのアイデアがアイデアのまま終わることが示されていたように、こうすれば必ず本当に価値あるイノベーションが生まれるという必勝方程式はない。しかし、真にイノベーティブなアイデアが生まれるために満たすべき条件というものはある。それはまとまった時間そのことに没頭し、深く集中する状態を経るということである。アイデアの閃きは、その深い集中の後に、昼寝したり、シャワーを浴びたりしたときにふとやってくるということも多々あるが、それは深く強い集中状態で考え尽くす時間があってのものだ。

†何が集中を妨げるのか

そうしたフロー状態になるために必ず必要なものは何か。それは「集中」である。フロー状態になるには、必ず集中できる環境が必要になる。逆にいえば、集中できないとフロー状態にはなれない。だから集中を妨げるものはフローを妨げると言える。

では何が、集中を妨げるのか。まずフロー理論では「疎外」と言われているものがある。

言葉を補って「関心の疎外」「関心の非尊重」「関心の強制」と言ったほうがわかりやすいが、これは「関心を持っていることに取り組むことを許されない」、あるいは「関心を持っていないことに従事するよう強制される」ということだ。

人は関心を持ち、能動的に取り組める何かに従事するときフロー状態になるのだ。仕事時間の20％を与えられた仕事以外の好きなプロジェクトに使える「グーグルの20％ルール」は、この人間の心理的特性に沿ったものといえる。

†フロー状態を生み出す環境の作り方

しかし、関心に沿っていれば必ずしもフローに入れるわけではない。フローに入るのを妨げる要因は他にもいくらでもあるのだ。それは、電話対応、メールの着信、SNSのメッセージ、会議、クレーム、上司の目、不安、気がかりなこと、突然の依頼や訪問者といった、そのタスク以外のあらゆるものである。こうして考えてみると、ほとんどの職場は、深い没頭状態になることを妨げる環境になっていることがわかるだろう。

それではいくらモチベーションの高い優秀な人材が揃っていても、画期的なアイデアが生まれることはない。たびたび鳴る電話に出て、クレーム処理しつつ、何のために参加しているのかわからない会議に顔を出すことを強いながら、「クリエイティブなプロダクトを生み出せ」というのは最初から無茶な注文なのだ。

本質的なアイデアに辿り着くためには、そのことについてどこまでも考え尽くす必要がある。いくたびも海溝深くまで潜って行くことで初めて、真にイノベーティブといえる考えが姿を現してくれる。深くまで潜ろうとしている最中に、しょっちゅう水面まで引き戻されては、得られるものも得られやしないのだ（輝く太陽のような結果が得られるのは一息つくために水面に顔を出したときだとしても、それは限界まで潜りきった後の話である）。

ここまで説明すれば、デモ・デイズの期間は「会議や新プロダクト発表の予定を一切入れない。例外は認めない」としていることの意味がわかるだろう。他の予定を一切入れないというルールを厳守することで、フロー状態を生み出せるような環境を作り出しているのだ。

またチクセントミハイが「フローの継続中は意識は滑らかに働き、一つの行為は次の行為へと滞りなく続いていく」といっているように、フロー状態には「流れている（floating）ような感覚」をともなう。デモ・デイズでは、「なじみのない分野で仕事をすることになるエンジニアは、効率的に進められるよう事前に使いそうなシステムの研修を受けることができる仕組み」となっているのも、この「流れているような感覚」になるための条件となっているのだ。

†業務に夢中になる

ただし、通常の業務についても一定の生産性目標が定められており、エリック・シュミットらも「実際には夜や週末を使って「20％ルール」のプロジェクトをする社員も多いので、「120％ルール」といったほうが妥当かもしれない」と述べているように、実質的にはプラス20％となっている側面がある。しかしそれでもなお、それがおもしろいと思えるものなら、それが活力となり他の仕事もがんばれるようになることはあるだろう。

私たちは仕事の間に、遊んだり、家族と過ごしたり、趣味に没頭したりすることで、そこで活力を得て、また仕事に向かうということをやっている。その活力を得る源が、自分が発案して、ぜひ実現したいという、その人の夢をかなえるプロジェクトであっても同じことなのだ。

また、エリック・シュミットらは「20％プロジェクトが成功しても報酬を出すことはない」と言っている。これは、やりたいことをやれているということ自体が報酬になっており、むしろそこに金銭といった「外部からの報酬は、本質的にやりがいのある挑戦をカネを稼ぐ手段に変えてしまうため、クリエイティビティを助長するどころか阻害する要因になることを、複数の研究が示している」からだという。実際、最初は「やりたい」という内発的動機でやっていたものも、外的な報酬により外発的動機に軸足が移ってしまうと、その報酬がもらえなければやらなくなる。

人間は関心に応じて価値を見出す（価値の原理）。関心のあるタスクに能動的に取り組んでいて、着実に進んでいるという手応えがあれば、それ自体が報酬となり、ますますそれに没頭していくようになる。そうすると自分の能力を最大限に発揮して物事を進めているという感覚が、充実感や深い楽しさをもたらすため、ますますそこにエネルギーを注ぐようになる。

このように書くと、テレビゲームをやったことがある人ならば、ゲームに夢中になっているときの感覚が、フロー状態と極めて近いことに気づくだろう。そう、これはいわば〝業務をゲーム化する方法〟でもあるのだ。

会社で働きながらフローになれたら、自分が夢中になって仕事をすることで、楽しみを自己調達することができる。会社の利益と、個人がフロー状態になることにより仕事で楽しみを得ることは両立できるのだ。これは「楽しいからこそ、仕事ができる」という「ほぼ日」の自律的なプロジェクトチーム運営の方法にも重なることがわかるだろう。

イノベーティブな成果を上げている企業は、そのための人間心理に沿った仕組みと環境を整えている。人間はクリエイティブな成果を出せと命令されて、出せるものではない。あなたの所属するチームが、画期的なアイデアを求めているなら、そのための仕組みを備えているか、時折見直してみてもよいだろう。

†20%ルールはどこでも同じ効果を発揮するのか

しかし、20%ルールは、いかなる組織でも有効性を発揮する普遍性のある方法論ではない。そのことは、構造構成主義の〝方法の原理〟から明確に理解できる。繰り返しになるが、〝方法の原理〟とは、方法の有効性は状況と目的に応じて決まるというものだ。どういう状況で、何をしたいかといったことを抜きにして、方法の是非を議論することはできないのだ。

この観点を置けば、20%ルールも状況と目的に応じて有効に機能しうる方法の一つであり、必ずしも汎用性のあるものではないことがわかる。

たとえば、目的がイノベーティブなアイデアを創出することにあれば、この方法論は有効に機能しうる。しかし、目的が違えば、このルールは必要ないかもしれない。実際、“Ars Technica”の記事では、「すでにGoogleは十分に良い製品を持っているので、より革新的な製品を作るための20%ルールはもはや不要である」といったことも論じられている。

大事なことは、20%ルールそれ自体ではない。やりたいことをやれる環境を具体的に整えること、仕事に集中できるフロー状態に入れる環境を整えることだ。そしてそのために、各自が自分のチームの状況を踏まえて、実効性のある方法を考えることが最も大事なことなのである。

2　信念対立の回避と解消

†「異なる正しさ」をぶつけ合う〝信念対立〟

チーム運営で気をつけるべきことの一つに、〝信念対立〟がある。信念対立とは、端的に言えば「異なる正しさをぶつけ合う」ことだ。

実は、構造構成主義の大きな特徴は、この信念対立を解消するツールとして使えることにある。〝学問全体の原理をつくる〟という目的を踏まえ、「信念対立をどう超えるか」に着目したためだ。

世の中には〝難問〟と呼ばれるような、解消することが難しい対立がある。そして、どのような分野であっても、難問には概ね共通するタイプがある。その一つが、「異なる正しさ同士のぶつかり合い」、すなわち信念対立なのだ。

たとえば、宗教的な対立は信念対立の典型だ。宗教には、教義に基づく固有の観念体系や制度があり、「異なる正しさ」の体系同士がぶつかるので、わかり合うことが極めて困難だ。歴史をひもといてみれば、宗教対立が武力の行使に発展した例は枚挙にいとまがなく、腕力の強いほうが勝利を収めてきた。しかしながら、現在の中東情勢に如実に現れているように、力による制圧は本質的な解決にはなりえない。

宗教は「信じること」を要請する。「異なる正しさ」を信じる者同士は、本来相容れない。その点、哲学は「疑うこと」を要請する。だからこそ〝解決の余地〟があるのだ。

†ボランティア同士の信念対立

ここでは組織における信念対立の問題を支援活動を例にみていこう。

目的が同じはずの復興支援活動でも、ボランティア同士で信念対立が生じることがある。組織が大きくなると、どうしても意見のすれ違いが生まれ、相手を批判してしまうようなことも起きやすくなるのだ。

また組織の中だけでなく、他のボランティア団体などに対してネガティブな言説を発信し、批判の応酬になるケースがある。たとえば、ツイッターなどで、他の組織を貶めるようなコメントを流したり、繰り返し非難するような人がいる。それが拡散されて負の連鎖を呼び、復興支援活動全体にマイナスの影響を与えることも少なくなかった。支援者同士の争いや、ボランティア同士の争いはみるに堪えず、当事者を疲弊させるだけでなく、そうしたやりとりをみせつけられる支援者たちのエネルギーを大きく削いでしまうのだ。しかし、よく考えれば、自分が助けたい人たちを助けようとしている人を責めているわけで、とうてい理に適った行為とは言いがたい。それが争いに発展して、消耗した挙句、本来の目的を実現できなくなるのは本末転倒だ。

「被災者支援」という同じ目的の下で行動しているにもかかわらず、なぜ意見の相違が起きてしまうのだろうか。なぜ起きるのかがわからなければ、対策の施しようもない。「なんで仲間なのに仲良くできないんだ、みんな仲良くしようよ」といった類のナイーブな「正論」をいくら言い続けても、根本的な解決の方法は見出せない。仲良くしたいのはやまやまだが、どういうわけか仲良くできないのが問題だからだ。

†価値判断の根拠を問い直す

この問題を構造構成主義の観点から根源的に考えていこう。我々が「それは正しい／間違っている」というとき、それはすべて「価値」について言及していると言ってよい。「良い／悪い」というのは、おしなべて価値判断にほかならないからだ。

では、価値とは何に照らして見出されるのだろうか。構造構成主義では、この問いに答えるために〝関心相関性〟という中核原理を軸に〝価値の原理〟として定式化した。

〝関心相関性〟とは、思想的には、竹田青嗣が、ニーチェの「力の思想」やハイデガーの「気遣い（関心）」の議論を踏まえて、「欲望相関性」として概念化したものを、フッサールの「志向性」によって基礎づけ、構造構成主義の中核概念として定式化したものだ。

そう言うと難しく感じられるかもしれないが、エッセンスはシンプルだ。たとえば、ふだんは目にも入らないようなちっぽけな水たまりも、広大な砂漠で死にそうなほど喉が渇いているときに遭遇すれば、貴重な存在として立ち現れ、代え難いほど高い価値を帯びる。

この「関心相関性」を「価値の原理」に焦点を絞って言えば、「すべての価値は、欲望や関心、目的といったことに応じて（相関的に）立ち現れる」ということになる。つまり、関心相関的観点からみれば、「価値がある／ない」「良い／悪い」「賛成／反対」といった価値判断は、当人の関心や目的に応じて立ち現れている、ということを自覚的に認識できるようになるのだ。

では、その「関心」は何によって生じるのか。「契機」、すなわち何らかの「きっかけ」があって「関心」を持つようになるのである。これは桐田敬介（1986―、教育学）がロムバッハの議論を経由して定式化した〝契機相関性〟に基づく考えである。

つまり、関心相関性と契機相関性によれば、ある「きっかけ（契機）」によって、何らかの「関心」を持つようになり、その「関心」に応じて物事の「価値判断」をするようになるということが洞察可能になる。この「価値」↓「関心」↓「契機」といったステップをさかのぼり、自他の価値判断の根拠を洞察する視点を〝契機‐関心相関的観点〟と呼ぶ。

†「関心」の「きっかけ」にまでさかのぼる

これをボランティア活動に当てはめてみれば、活動の良し悪しが「経験」や「関心」に応じて判断される、ということになる。「復興支援」という同じ目的のもとで活動しているはずなのに、人によってなぜ価値判断がズレてくるのか。それは、同じ目的の下に活動していても、異なる経験をする、つまり異なる関心を持つきっかけがあるためだ。

たとえば「ふんばろう」の電話窓口班は、日々、避難所からの連絡を受けるという経験をするため（契機）、避難所に一つでも多くの物資を届けたいという「関心」が生まれる。一方、支援者からの寄付を募るECサイト班には支援者の声がたくさん届くため（契機）、支援者の声に応えたいという「関心」を持つようになる。このように、きっかけとなる経験が少しずつズレることにより、価値判断の基準となる「関心」も異なってくる。そして、当事者同士はそのズレに気づかないため、ひとつの方法について是非が分かれてしまい、衝突が起こる。

こういった衝突を回避するには、互いの意見を「良い／悪い」という価値のフェーズに落とし込まずに、その背景にある「関心」や「経験（契機）」のフェーズにまでさかのぼって理解することが大切だ。相手は自分と異なる経験にもとづいた、さまざまな関心を持っている。それが自分の関心とはズレていることがわかれば、互いを頭から批判することなく、理解し合える可能性が生まれる。互いの意見が違っていたら、その意見がどういう契機―関心から導き出されているのかを理解し、相手の関心を自分の中に取り込んだ上で、組織の目的に照らして、両者の関心を両立させたり、あるいはより妥当な意見を採用すればいいのだ。

先に「家電プロジェクト」を実施する際、現地のスタッフから「公平に渡せないのであれば問題が起こるかもしれないのでやめたほうがいい」という反対意見が出たことを述べた（第3章）。その際には、〝契機‐関心相関的観点〟から、実際に次のように対応した。

まず、当事者になぜそのように思うのかを聞く。すると、現地で物資を配布する際に争いが起きるのを目の当たりにしたり、「並んだのに家電が貰えなかった」と苦情が来たり、いざこざが起きたりしたことがあった（契機）。それで、そういう問題を避けたいと考えている（関心）ことがわかった。

そこでその「関心」を取り込んだ上で、「事前に告知せずにゲリラ的に配布していくことで行列ができないようにしよう。それでも足りなかった時のために、代替の生活物資を用意しておこう」、「また、これは行政からの配布ではないので貰えるのが当たり前ではない。そのことをわかってもらえるよう、あらかじめアナウンスするなど、苦情が出ない工夫をしよう」と提案した。それを納得してもらった上で、被災者支援というプロジェクトの目的からブレることなく実施することができたのだ。

†熱意の空回り

ボランティアの場合、熱心な人ほど「現場に行かない人は本物ではない」という偏った「現場主義」に陥りがちだ。ある新聞社の記者が、休日に瓦礫の片付けのボランティアに行ったところ、長期間ボランティアに入っていた人から「たまにくるぐらいじゃダメだ」と言われて現地に行けなくなってしまった、という話をしてくれたことがある。

そのボランティアはがんばって100働くかもしれない。でも、たまに来て10働くボランティアを否定することで、10働く人が20人来なくなってしまったとしたら、全体としてはマイナス100になってしまう。これでは大きな損失だ。その人は満足するかもしれないが、俯瞰すれば、その人がいないほうが復興支援活動にとってはプラスということになる。

そのような熱意の空回りにならないためにも、〝契機‐関心相関的観点〟から洞察することは有効だ。現地にボランティアに行くと、そこで困っている人をたくさん目の当たりにして、自分ががんばることで喜んでもらえるという経験をする。それが「契機」となり、よりいっそう現場でのボランティアに対する「関心」が高まり、その関心に照らして現場で長期間働くことに「価値」を見出す。そして実際に、長期滞在しながらボランティアを行うようになる。そうすると、「たまに現場にくるボランティア」の価値を低く見て、「にわかボランティアはダメだ」とか「偽物だ」と言い出すようになってしまうのだ。

自分の価値判断(確信構造)がいかにして形作られているか(構成されているか)を認識することができるようになれば、そうしたナイーブな批判をすることなく、全体的な視野からみて、より効果的なボランティア活動を行うことができるだろう。

†「正しいことをしている」という信念の危うさ

ボランティアは、それが何であれ、必ず関心が高い人が集まる。関心が低ければ、わざわざ足を運ばないから当然だ。人は関心に応じて価値を認識するため、関心が高いと、微細な差をクローズアップするようになる。その結果、ちょっとした違いが許せなくなりがちなのだ。

しかもボランティアは、「善意のボランティアは絶対に正しい」と思う傾向がある。「困っている人たちのために、自腹を切ってこれだけの時間と労力を割いているのだから、自分が正しい」といったように、自分の正しさを確信してしまう要因がたくさんあるためだ。

関心が低ければ、「まあ、いろんな考え方があっていいんじゃないかな」と流せるようなことも、関心が高いためにこだわりが強くなり、善意ゆえに自らを絶対視してしまいがちになる。そのために、マクロでみれば同じ志を持つもの同士なのに、違う考え方の人を非難してしまうということが起こる。

かくいう私も、自分から他のボランティア団体を批判したことこそ一度もないが、他の団体からいわれのない非難をされたことがあり、そのときは、「なぜこれだけ一生懸命やっているのに、実情も踏まえず非難してくるんだ！」と、痛烈な反論をしたことがある。

「正しさの信念」が危ういことをわかっていたつもりではあったが、後から思えば、「困っている人たちのために、自腹を切ってこれだけの時間と労力を割いているのだから、自分が正しい」と、どこかで思っていたことは否めない。そうした認識態度を持っていると、それは相手にも伝わる。そしてそれが、より激しい批判を招く、という悪循環に陥ってしまう。

支援実績のある団体はほぼ例外なく批判を受けていることから考えると、批判自体をゼロにすることはできない。しかし、知らぬ間に陥っていた「正しさの信念」から抜け出ることで、信念対立を惹起しないようにすることは大切なことだ。

そもそもボランティアは競争ではない。他の団体と比較したり、他の団体の価値を下げて自分（たち）の価値を高めるといったことに意味はない。同じ「被災者」、すなわち自分が助けたい人たちを支援しているのだから、どこに所属していようが、同志であるはずだ。自分の立場だけが正しいと主張する必要はない。誰がどんな方法で助けたってよいのだ。また「被災者の自立につながる支援」「被災地の復興支援」が実現できるのであれば、自分（たち）だけでやる必要もないのだ。

†別の価値観を認める

信念対立は、ごく日常の中でも起こる。そのとき「どちらが優れているか」という発想ではなく、「正しさ」から少し引いて「そうではない考え方もある」という態度を認めることが必要だ。

ニーチェは、真理とは絶対的なものではなく主観的な解釈の産物だと言った。平たく言えば、「その人にとってものすごく役立つものの別名である」ということだ。つまり、真理を「相対化」した。

たとえば、絶望して死にたいと思っていた自分を救ってくれた、いきいきと生きられるようになった、そういう存在に出会ったなら、それはその人にとって、なにものにも替えがたい「真理」と呼べるだろう。それは「宗教」かもしれないし、あるいは一冊の本かもしれない。しかし、その人にとってそれが「絶対的な真理」であったとしても、他の人にとって必ずしも真理であるとは限らない。他の人にはまた他の「真理」が存在するかもしれない。「自分にとっての真理を絶対視しない」ということが大事なのだ。

価値観がさらに多様化していくこれからの時代、こうした〝自分とは別の価値観を認められる教養〟は増々大切になってくるだろう。

†誰もが〈物語〉を持っている

「認め合う」ということを考える上で、「震災遺構をめぐる信念対立」を例に挙げよう。

つまり、被災した建築物を次世代に震災の記憶や教訓として保存すべきか、解体すべきか、という議論である。こうした「賛成か、反対か」という問題の場合、「ケンカしないで仲良くやろうよ」と言ってみたところで「賛成派」と「反対派」とが互いに認め合うのは、非常に難しい。とはいえ、互いが互いの考えを受け入れることができない、というステージに立ったままでは、どれだけ議論しても、解決の糸口はみつからない。

そこで、「その価値判断の根本にある関心は何か？」「その関心が生まれたきっかけは、何か？」とさかのぼって考えていく。言い換えれば「自分と異なる価値判断をしている人は、どのようなきっかけから、どのような関心を持ってそう判断しているのだろう？」と問いを立ててみるのだ。

ある震災遺構の保存に反対しているAさんは、家族が役所や学校などの建物で被災して亡くなったという経験をしており、建物を見ると辛いから「解体すべきだ」と考えている。一方、保存に賛成しているBさんは、家族を失ったことが過去の教訓を活かせなかったことに起因していると考え、悲劇を繰り返さないためにも「建築物を残すことで未来の命を守りたい」という「関心」を持つようになり、「保存すべきだ」と考えている。

お互い、本当に辛い経験から「賛成／反対」の基準が生まれているため、容易には妥協できない。でも、少しだけ意識を向けてほしいのは、賛成の人も反対の人も、どちらも根拠となる〈物語〉を持っているということだ。そこを理解することが、非常に大切だ。

相手の〈物語〉に思いを致すことで、自他の価値判断の「相対化」につながる。そうすれば、少なくとも単純素朴な信念対立の状態からは抜け出すことができる。相手の〈物語〉を理解できれば、対立する主張が「絶対悪」ではなくなる。相手の〈物語〉に対する想像力をはたらかせることができる力、それは教養として育めるものだ。

ついでに言えば、最近思うのは、「民主主義の機能は人々の教養に比例する」ということだ。たとえば「そもそも何のために」といった、〝本質を問い質す思考〟をする社会では、理不尽な出来事は格段に減るに違いない。具体的には、被災地の防潮堤問題についても「復興の本質とは何か？」「防災の本質とは何か？」と問うことで、おのずと方向性が見えてくる。

復興の本質について言えば、私は、一つには「人口」と考える。さらに言うなら、「人々がその土地に残りたいと思える魅力」を備えられるかだ。防潮堤を「復興の一環」と捉えるならば、それを建設することで土地の魅力が増し、そこに住む人や訪れる人が増えていかなければならないはずだ。「防潮堤の建設で一時的に潤ったけれど、30年後、住む人がいなくなってしまった」という未来を望む人などいないはずだからだ。

こうした本質を問い直す考え方が一般的な〝教養〟になれば、より本質的な意思決定をすることができるようになるだろう。

†チーム医療での実践

構造構成主義が「信念対立を解消するツール」として使えることは、とくに医療現場で取り入れられていることが傍証している。

近年、医療現場では医療環境のモデルの一つとして「チーム医療」が推進されている。従来は医師を中心にして、その下に位置づけられていた、看護師、理学療法士、作業療法士、薬剤師など、さまざまな専門分野の医療従事者がチームを組んで医療を行うのがチーム医療だ。医師と、ほかのコメディカル・スタッフとの間、あるいは医師同士でも内科と外科といった医局間の壁を取り払って、それぞれの専門性を発揮して治療に当たる。

しかし、同じ「医療」に携わっているとはいえ、それぞれ学問体系も異なれば、専門によって関心も少しずつズレている。それゆえに、ぶつかることも多い。たとえば、ある患者の処置について、内科医はAが正しいと信じており、放射線医はBを優先すべきだと信じている。さらに別の臨床家はCが正しいと信じている。そしてその関心のズレに無自覚であるために、お互いの正当性を巡って不毛な対立を繰り返すということが起こる。チームとしてうまく機能しなくなれば、医療者側の軋轢で患者の病状に影響が出ることもありうる。そこで、構造構成主義の理路を応用して考えようという取り組みが行われているのだ。

その先頭に立っているのが、吉備国際大学の京極真（1976―）である。現場の信念対立を解消してチーム医療を促進するため、構造構成主義を応用した「信念対立解明アプローチ」という独自の理論的・方法論的ツールを開発し、医療界に新たな分野を切り拓いている。チーム医療に関心のある人は巻末の参考文献を参照してほしい。

無理に統一しなくてもいい

とはいえ、どうしても認めることができない価値観もあるだろう。構造構成主義について、しばしば「みんなでわかり合って仲良くするための理論」だと誤解されることがあるのだが、必ずしもそうではない。状況と目的を考えたら棲み分けしたほうがいい場合もありうる。「どうしても、あいつとはソリが合わない」ときは、静かに離れればよいのだ。

固有の「状況と目的」を考えず、無闇やたらに「統一」しようとすれば、それこそ全体主義になりかねない。
しかし実のところ、構造構成主義もはじめは、「心理学の統一理論」として構想したものだった。ところが、ちょうど『構造構成主義とは何か』の論考を書いているとき、ミスチル（Mr. Children）の「掌」という曲を聴いて、ハッ！ としたことがあった。

「君は君で　ぼくはぼく　そんな当たり前のこと
なんでこんなにも簡単に　ぼくら
見失ってしまえるんだろう？」

「ひとつにならなくていいよ
認め合うことができればさ
もちろん投げやりじゃなくて
認め合うことができるから」
JASRAC 出 1503872-501

そのフレーズを耳にしたとき、「ああ、そうだよな、お互いに認め合えればいいのであって、何かを無理に統一する必要なんてないよな」と素直に思えたのだ。「掌」は、私の認識の大きな転換点になった。そして構造構成主義の方向性が、「統一理論の提案」から「お互いを認め合うための礎となる原理の体系化」へと転換していったため、『構造構成主義とは何か』のあとがきにも引用したのだった。哲学プロパーの学者からすれば「専門書にJポップを引用するなんて、もってのほか」なのだろうが、私にとっては、深いところで影響を受けた「考え」が専門的な論文でなければならない理由はなかったからだ。

この歌詞で言う「認め合う」対象は、すなわち「存在」なのではないかと思っている。誰かの考え方や思想、信条、宗教、行動に賛成できないことは、日々、しばしば起こる。しかし、その人の存在、つまり〝誰もが、一生懸命生きているということ〟自体を認め合うことは、たとえどんな対立の上であっても可能だと思う。どんなに厳しい状況でも、ギリギリ最低限、その部分ではたがいに認め合うことができると思っている。

†〝原理〟とは上手に考えるための視点

以上、しなやかなチーム作りに役立つ考え方を〝価値の原理〟〝方法の原理〟〝人間の原理〟といった普遍的な原理を基軸に論じてきた。しかし、原理はそれさえ知れば組織が自動的に改善されるといった万能薬ではない。原理はいつでもどこでも必要なときに起動できる、「上手に考えるための視点」なのである。使えば使うほどその使い方も深化していき、その力を実感することができるだろう。

「この組織の不合理は〝方法の原理〟からみると、どういう風に理解できるだろうか？」「〝価値の原理〟からみて、この人は何に関心があって、こういうことを言っているのだろう？」「自分たちの組織は〝人間の原理〟の観点からどのように改善できるだろうか？」

こうした問いを立てながら、ぜひ、ここで学んだ〝原理〟を活用し、チーム作りに役立てて欲しい。

Column 4　アルス・エレクトロニカ授賞式

――「ふんばろう東日本支援プロジェクト」が解体される2014年10月に、「アルス・エレクトロニカ（Prix Ars Electronica）」という世界で最も歴史あるデジタルメディアのコンペティションで最優秀賞を受賞されました。

西條　アルス・エレクトロニカのグランプリ受賞と「ふんばろう」を発展的解消する時期が重なったのはたまたまなんですけど、節目のタイミングで受賞したことで、「ふんばろう」で活動してくれたメンバーに、「がんばってやって、よかったな」と思ってもらえるなら、嬉しいです。

今回「ふんばろう」が受賞したのは「コミュニティ部門」なんですが、「ゴールデン・ニカ賞」と言って、「コンピューターの世界のオスカー」と呼ばれている賞みたいです。

――過去の受賞者がすごいですね。パソコンの世界では、これなしには成立しない

「WWW（World Wide Web）」とか「ウィキペディア（Wikipedia）」とか……。

この賞のことはご存じでしたか？

西條　知らなかったです。だから受賞したと聞いても、ぜんぜんピンとこなかったんですが、まわりの詳しい人たちに「いやいやいや、これは、ものすごく有名な賞だから！」と口々に言われまして。なにしろ、受賞が決まってからしばらく、受賞したことに気付いていなかったくらいです。

——え？　連絡はなかったんですか？

西條　来てました。受賞したというメールが来てたんですけど、２週間くらい、迷惑メールのフォルダに入ってました（笑）。

だって、メールが英語文面で、「Congratulations‼　あなたはグランプリを受賞しました。賞金はいくらいくらで……」みたいな。いかにも迷惑メールじゃないですか（笑）。アルスの日本人スタッフの方から電話がかかってきて、ようやく受賞のことを知ったんです。

——メディア・アートの祭典というと、国内外に他にもいろいろあると思いますが、この賞の特徴はなんですか？

西條 アルス・エレクトロニカでは、「アート・テクノロジー・社会」をテーマに、世界各地からイノベーティブなアイデアや取り組みを選出してるそうなんです。「アート」「テクノロジー」に加えて「社会」というテーマを設定しているところがおもしろい。つまり、社会に実装するフェーズまで視野に入れていて、そして実際にその賞を受賞した作品が世界を変えているわけですから。

――今回「ふんばろう」が賞を取った理由も、まさしく、そこですね。

西條 そうだと思います。

――授賞式はオーストリアのリンツで行われたんですね。その様子をお聞かせいただけますか。

西條 会場では受賞者とのやりとり以外、ドイツ語でした。ドイツ語はわからないので英語の通訳が入るヘッドフォンを借りたのですが、床に落としたら動かなくなってしまって。何を言っているのかさっぱりわからなくて、急激に緊張してきました(笑)。でも、過去受賞者の「明和電機」さんのパフォーマンスで笑ったりしていると、だんだん「いつもどおり」になってきて、司会者とのトークもリラックスして臨むことができました。

――司会者とはどんな話を？

西條　トークの前に「ふんばろう東日本支援プロジェクト」の動画が流れて。それを受けて「成功の鍵は何だったのでしょう」と聞かれたので構造構成主義のことを少し話しました。「今後の展開は？」という質問には、「ふんばろう」をひとつの支援モデルとして広げていきたいこと、個人的には、構造構成主義の考え方を通じて、福島の原発事故のような理不尽な出来事を受け入れなくて済む、より平和な社会にしていきたいと話しました。

――これが受賞式の写真ですね。

西條　プレゼンターはオーストリア外務大臣でしたが、見た目がまるで「王子さま」みたいで（笑）。「ふんばろう」の展示コーナーでは、四苦八苦して英語で書き上げた論文や冊子を配布したのですが、ありがたいことに、印刷した２０００部があっという間になくなってしまいました。

――英語でのプレゼンテーションはいかがでしたか。

西條 プレゼンに臨む前に、MITの石井裕先生から的確なアドバイスをいただいたおかげで、「ふんばろう」のコンセプトをうまく伝えることができたと思います。個人的に嬉しかったのは、「受賞メールが迷惑メールのボックスに入ってしまい、受賞に気づかなかった」エピソードを披露したら、その日いちばんの笑いをとれたことです(笑)。

質疑応答では「ふんばろう」への質問がたくさんあったのですが、そのすべてに、その場で答えることができたこともよかったです。苦労しながら英語で論文を書いたことで、ずいぶん鍛えられていたんだなあ、と。

――アルス・エレクトロニカ・フェスティバルは、リンツの人たちにとっても、年に一度のビッグイベントだそうですね。

西條 ショッピングセンターの中など、街に10カ所以上、会場がありました。授賞式に来てたのか、何かのメディアで見たのかわかりませんが、街を歩いていると、ときどき見知らぬ人から「Congratulations!」と声をかけられました。

――今回は奥さまと1歳の娘さん、そしてお母さまが一緒だったんですね。

西條　はい。リンツでいいなあと思ったのは、子どもや赤ちゃんを見る目が、すごく優しいこと。通りすがりの老夫婦が、「なんてかわいい子なの！」と、娘をかわいがってくれて、「あなたたち、アルス・エレクトロニカ・フェスティバルに来たの？」と聞かれたので、「はい、そうです。ゴールデン・ニカを受賞したもので」と言うと「まあ、素晴らしいわね！　おめでとう！　でも、あなたにとってのゴールデン・ニカ（女神）はこの娘さんね」と。すかさず「That's true!」と答えました。

実は今回、「母を授賞式に連れていくこと」がぼくのミッションのひとつだったんです。母は、津波で兄を（ぼくにとっての伯父さん）を失っています。

「この悲惨な出来事を肯定することは決してできないけれど、あのことがあったからこんなふうになれたと思うことはできる。それが、ぼくたちが目指すべき未来なのだ」

2011年3月16日、震災後、はじめてブログに書いた言葉です。

震災は、ぼくたち家族にとっても「伯父さんが見つかって本当によかった」と言わなければならない本当に悲しい出来事だったのですが、それだけで、終わりたくなかった。

日本に帰ると、母からメールが届きました。

「自分の息子だけど、日本人として誇らしく思えた。剛央が「ふんばろう」の代表という大役を果たせたのも、多くの人に支援してもらったおかげだと実感できた。」

嬉しかったです。

あとがき――〝いいチーム〟とは何か

チームと組織とは何が違うのだろう。本書を書き終えて去来したのはその問いだった。本書では、組織とチームは互換可能なものとして、なんとなく文脈によって使い分けたり、「チーム（組織）」と併記したりしてきた。しかしこうして書き終えて、組織とチームは似て非なるものだと強く感じるようになった。ではその本質的な差異はどこにあるのか。

「組織（Organization）」には、幾層にも構造化された集合体というイメージがある。他方、「チーム（Team）」には「プロジェクトチーム」という言い方や、過去を振り返って「あれはよいチームだった」ということがあるように、期間限定で組まれるものというニュアンスがある。そして組織はときに構成員の思いとは真逆のベクトルへと暴走することがある。誰もが内心「こんなことをしても意味はないのに」と思っているまさにその方向に進んでいくことがある。

本論でも述べてきたように、私は日本最大級の総合支援組織となるプロジェクトを立ち上げ活動するなかで、行政をはじめとする様々な組織の不合理を目の当たりにしてきた。そして、我々の社会における理不尽の9割は組織によるもので、そうした問題のほとんどは、特定の個人に起因する問題ではなく、複雑怪奇化した組織がもたらした、いわば〝組織災〟と言うべきものであることがわかってきた。怪物と化した組織では、人はひとりの人間である前に〝組織人〟という名の僕《しもべ》となり、本質は失われ、誰がどう考えてもおかしい理不尽がまかり通ることになるのだ。

私が本書で〝チーム〟と呼んでいたものは、腐敗した組織のアンチテーゼであり、個々人の思いと全体の営みが同じ方向を向いている、フラットでしなやかな機能体を指していたのである。

今の経営学では、「組織が生き延びることはよいことである」ということがその是非を論じられることもなく、暗黙裡に前提となっているようだ。実際、古今東西、競争戦略から協調戦略まで様々な「戦略」が提案されているが、それらをひもとくとどれも組織が生き延びるためのものになっている。しかしながら、延命すればするほどよいというのは本当なのだろうか。我々の社会には、「原発村」に代表されるような、既得権益や利権維持のために存在するかのようにみえる、本当の意味では社会に不要な組織が多々存在しているように思う。我々はそろそろ「本来の役割を終えた組織は老害を振りまく前に自ら幕を閉じたほうが美しい」という教養を持ったほうがよい。特に国民の血税で賄われる公共の組織であれば、なお一層そうであろう。

すなわち組織ベースではなく、時限的に成立する〝チーム〟を基本にすること。それだけで、不必要な組織に有限のリソース（税金）を投入することなく、その時本当に必要としているチームに効果的にリソースを分配できるようになる。組織の理不尽が減り、社会に役立つチームが増える分、私たちの社会はよくなっていく。

人間は限りある人生を生きるからこそ、今を輝いて生きることができる。「法人」という言い方があるように、組織もまた輝いて生きてこそ意味があるのではないか。

他方、一度生み出された組織は失いたくないと思うのも人情であり、また本当の意味で社会に必要な組織や、存続すべき組織もある。では、どうすれば組織を腐敗したゾンビと化すことなく、いきいきとした〝チーム〟として存続させることができるのか。

つい先日、ベストセラー『日本でいちばん大切にしたい会社』（坂本光司著、あさ出版）

で一躍有名になった伊那食品工業を訪問する機会があった。塚越寛会長の信頼の厚い「人と経営研究所」所長である大久保寛司氏に連れて行っていただき、塚越会長や社員の方の話も伺うことができた。毎朝行われる掃除にも参加させていただいたが、3万坪に及ぶガーデンは社員ボランティアにより隅々まで清掃が行き届いたリゾート施設のようでもあり、想像を遥かに越えた〝奇跡の会社〟であった。

これぱかりは自分の目でみて体感しなければわからないと思うが、無理を承知で言葉にすれば、そこでは〝一人ひとりが若々しく働いていた〟のだ。それだけでは、〝奇跡の会社〟は言い過ぎのように感じる人もいるかもしれない。確かに、創業から間もないベンチャー企業であれば、一人ひとり活き活きと働いていること自体は珍しいことではない。しかし、企業も数年が経てば次第に錆び付いてきて、5年、10年も経てば、その辺にある硬直化した組織の典型となっているものだ。ところが伊那食品工業は、創業から50年以上経っている500名規模の会社であるにもかかわらず、一人ひとりが若々しく働いているチームであり続けているのだ。「組織」というものに携わったことがある人ならば、それがどれだけ奇跡的なことかわかるだろう。

塚越会長が提唱している「年輪経営」とは、ゆっくり少しずつ成長していく経営観を表したものだが、それと同時に、数百年、ときに数千年と成長し続ける大樹のようなあり方をも包含した概念なのだろう。組織も有機体である以上、不老不死は原理上不可能だが、そうであったとしても、大樹レベルで永続することは可能かもしれない。

では、どうすればそれが可能になるのか。

その糸口を塚越氏の名著『リストラなしの「年輪経営」』（光文社）をひもとき考えてみる。伊那食品工業の社是（理念）は「いい会社をつくりましょう。～たくましく　そしてやさしく～」となっている。つまり、本論（第3章）で述べたことを踏まえれば、伊那食品の〝戦略〟、すなわち〝追い求める指標〟は、「会社を取り巻くすべての人々が、日常会話の中で「あの会社は、いい会社だね」と言ってくれること」と言える。経営上の数字ではなく、「社員はもちろんのこと、仕入れ先からも、売り先からも、一般の消費者の方からも、そして地域の人たちからも「いい会社だね」と言ってもらえる」ことを戦略的指標としているのだ。

そして副題の「たくましく　そして　やさしく」には、「経営とは「会社の数字」と「社員の幸せ」のバランスをとること」であり、「このバランスこそ、経営者が最も求められるもの」という理念が込められている。

塚越氏は、生き抜くため、会社を存続させるために20年間邁進してきた後、少し余裕が出てきたときに、「会社とは何のためにあるのか」と考えるようになったという。考え続けたのちに、「会社は、社員を幸せにするためにある。そのことを通じて、いい会社を作り、地域や社会に貢献する」という結論に達する。そして、「それを実現するためには、「永続する」ことが一番重要だ」と気づいたそうだ。会社が永続できなければ、社員の幸せを断ち切ることになるためだ。

ここで重要なことは、伊那食品にとって「永続すること」は目的ではなく、「社員を幸せにし続ける」という目的を達成するための手段にすぎない、ということだ。そしてそのために「いい会社だねと言ってもらえること」を戦略的指標として据えて、それを実現するために様々な施策（戦術）を打ち出し、実現してきた。それが創業から50年以上が経過し、500名規模となっても、一人ひとりが若々しく働けることにつながっているのだろう。

つまり「社員を幸せにし続けること（究極の目的）」→「永続すること（方法的な目標）」→「いい会社と言ってもらえること（戦略的指標）」→「それを実現するための様々な施策（戦術）」であり、これらの優先順位は倒錯してはならない、ということだ。まさに逆説的だが、存続することを究極の目的としていないからこそ、「48年間連続で増収増益」といった持続的に成長し続ける「年輪経営」が可能になったのだ。

究極の目的は何か、その本質を問い続け、目的と手段を取り違えることなく、当たり前のことを当たり前ではないレベルで実行すること。この伊那食品工業の経営を一言でいえば、〝本質経営〟と言うこともできるだろう。

これは〝いいチーム〟の運営にも当てはまる。チームは何のために作るのか。それは人を幸せにするためだ。その究極の目的（本質）からブレないこと。それをきちんと理解した上で実行できるようになること。さらに意識せずに実践していること、つまり「習慣」とすること。それがチームメンバーの身についたときに「組織文化」となり、それが空気のようになったとき「組織風土」となるのだろう。

伊那食品でみた〝奇跡〟とは、「いい会社を作りましょう」という経営理念が組織文化となり風土となった、〝チームとしての組織〟の姿だったのだ。

もちろん、それは、想像も及ばないほどの工夫と努力を長年にわたり継続してきた結果に違いない。王道に近道はない。しかし、王道から外れないようにすることはできる。そのための指針となるのが、本論で論じてきた〝本質〟であり、〝原理〟なのだ。本質からブレないよう、自覚的に行動し続け、少しずつ習慣化し、文化、風土を育んでいけるよう、私も、チームも、一歩ずつ成長していきたいと思う。

謝辞

最後に、お世話になった皆様に感謝の言葉を。

本書の題名は、筑摩書房の磯知七美さんに与えられたものです。おかげさまで従来の組織論にはない、しなやかなチームを作るための原理を伝える本にできたのではないかと思っています。思えば出版のお声かけをいただいたのは2007年でしたが、月日は流れ、8年も経ってしまいました。私にとっての最初の新書をこのような形で世に送り出すことができて、嬉しい限りです。本当にありがとうございました。

「ふんばろう東日本支援プロジェクト」は2014年9月末、一定の役割を果たしたと考え、発展的に解体しました。最後のミーティングで出てきた言葉は、「何もできない自分で終わらないでよかった」でした（涙が込み上げてきて言葉に詰まってしまいましたが）。そう思えたのはチームに協力してくれたすべての皆さんのおかげです。どのようにお礼をいっても伝えきれませんが、本当にありがとうございました。コンピューター・メディア・アートの世界最大のコンペティション、アルス・エレクトロニカにおけるゴールデン・ニカ（最優秀賞）も、ベストチーム・オブ・ザ・イヤー2014も、「ふんばろう」というチームに関わってくださったすべての皆様による受賞にほかなりません。賞は活動の結果いただいた僥倖のようなものですが、それぞれの持つ力と知恵を結集し、〝未曾有のチーム〟を作ることで、被災された多くの人に手を差し伸べることができたこと、チーム史に残る活動ができたこと、それは関わった一人ひとりが、誇りに思ってよいことだと思います。

また様々な観点からサポートしてくださった早稲田大学大学院商学研究科（MBA）の先生方、事務所の皆様、学生の皆さんにも心から感謝いたします。そして、社会人になってから、自分の中で勝手に〝師〟として学ばせていただいた池田清彦氏、竹田青嗣氏、水響絵美子氏、糸井重里氏、大久保寛司氏に深謝いたします。本書では明示していませんが、本書の成立には皆さんの存在が欠かせませんでした。ありがとうございました。

最後に、妻と娘にも心から感謝します。本書は娘が我が家にきてくれてから書いた最初の単著です。この家族チームは自分の中では永遠です。本当にありがとう。

2015年4月1日　満開の桜をみながら

西條剛央

構造構成主義に関する主な参考文献

本書は、新書として一般向けにわかりやすく書くことを目的としたため、引用は最小限にとどめた。構造構成主義に関心がある方は、次の関連書籍を参照していただければと思う（公刊順）。

池田清彦著『構造主義科学論の冒険』（講談社学術文庫、1998年）
竹田青嗣著『現象学は〈思考の原理〉である』（ちくま新書、2004年）
西條剛央著『母子間の抱きの人間科学的研究――ダイナミック・システムズ・アプローチの適用』（北大路書房、2004年）
西條剛央著『構造構成主義とは何か――次世代人間科学の原理』（北大路書房、2005年）
西條剛央編著『構造構成的発達研究法の理論と実践――縦断研究法の体系化に向けて』（北大路書房、2005年）
池田清彦・西條剛央著『科学の剣　哲学の魔法――構造主義科学論から構造構成主義への継承』（北大路書房、2006年）
北村英哉著『なぜ心理学をするのか――心理学への案内』（北大路書房、2006年）
西條剛央＋京極真＋池田清彦編著『構造構成主義の展開――21世紀の思想のあり方（現代のエスプリ No. 475）』（至文堂、2007年）
西條剛央・菅村玄二・斎藤清二・京極真・荒川歩・松嶋秀明・黒須正明・無藤隆・荘島宏二郎・山森光陽・鈴木平・岡本拡子・清水武編著『エマージェンス人間科学――理論・方法・実践とその間から』（北大路書房、2007年）

西條剛央・京極真・池田清彦編著『現代思想のレボリューション――構造構成主義研究1』（北大路書房、2007年）
西條剛央著『ライブ講義・質的研究とは何か――SCQRMベーシック編』（新曜社、2007年）
西條剛央著『ライブ講義・質的研究とは何か――SCQRMアドバンス編』（新曜社、2008年）
西條剛央・京極真・池田清彦編著『信念対立の克服をどう考えるか――構造構成主義研究2』（北大路書房、2008年）
西條剛央・京極真・池田清彦編著『なぜいま医療でメタ理論なのか――構造構成主義研究3』（北大路書房、2009年）
西條剛央著『看護研究で迷わないための超入門講座――研究以前のモンダイ』（医学書院、2009年）
岩田健太郎著『感染症は実在しない――構造構成的感染症学』（北大路書房、2009年）
西條剛央・京極真・池田清彦編著『持続可能な社会をどう構想するか――構造構成主義研究4』（北大路書房、2010年）
京極真著『作業療法士のための非構成的評価トレーニングブック――4条件メソッド』（誠信書房、2010年）
西條剛央・京極真・池田清彦編著『よい教育とは何か――構造構成主義研究5』（北大路書房、2011年）
苫野一徳著『どのような教育が「よい」教育か』（講談社選書メチエ、2011年）
京極真著『医療関係者のための信念対立解明アプローチ――コミュニケーション・スキル入門』（誠信書房、2011年）
京極真著『信念対立解明アプローチ入門――チーム医療・多職種連携の可能性をひらく』（中央法規出版、2012年）
岡本拓也著『わかりやすい構造構成理論――緩和ケアの本質を解く』（青海社、2012年）

西條剛央・京極真・池田清彦編著『思想がひらく未来へのロードマップ――構造構成主義研究6』（北大路書房、２０１４年）
苫野一徳『教育の力』（講談社現代新書、２０１４年）
京極真著『医療関係者のための トラブル対応術――信念対立解明アプローチ』（誠信書房、２０１４年）
苫野一徳『「自由」はいかに可能か――社会構想のための哲学』（ＮＨＫブックス、２０１４年）

＊文献は、右記の書籍以外にも２００本以上公刊されている（「構造構成主義に関する文献リスト」でインターネット検索）。

なお、左記は本書の実践編に位置づけられる。姉妹編として併せて読んでいただければ幸いだ。

西條剛央『人を助けるすんごい仕組み――ボランティア経験のない僕が、日本最大級の支援組織をどうつくったのか』（ダイヤモンド社、２０１２年）

初出一覧

序　章　『進撃の巨人』の〝巨人〟とは何か
書き下ろし

第1章　なぜ未曾有のチームができたのか
西條剛央インタビュー「なぜ10万人がリーダーに頼らず自律的に動けたのか？——未曾有のボランティアチーム「ふんばろう東日本支援プロジェクト」の挑戦」をもとに書き下ろし

第2章　どんなチームを作るのか——「価値の原理」
「若手ビジネスパーソンのためのMBA講座」（日経Biz アカデミー）第1回、第3回、第4回、第9〜11回などをもとに大幅に加筆修正

第3章　ブレないチーム運営——「方法の原理」
「早稲田大学ビジネススクール経営講座」（DIAMONDハーバード・ビジネス・レビュー）「ほんとうの「哲学」に基づく組織行動入門」第1〜3回、「若手ビジネスパーソンのためのMBA講座」（前掲）第5回などをもとに大幅に加筆修正

第4章　機能するチームとは——「人間の原理」
「若手ビジネスパーソンのためのMBA講座」（前掲）第6〜8回、「日本最大級となった「ふんばろう東日本支援プロジェクト」は、どのような支援をどのように実現したのか？——構造構成主義を基軸としたボランティアリテラシーの射程」（大阪ボランティア協会「ボランタリズム研究」第2号、2013年）、「西條剛央さんが洞窟で刀を研ぎ澄ましている。」（「ほぼ日刊イトイ新聞」）などをもとに加筆修正

コラム1〜4
「西條剛央さんが洞窟で刀を研ぎ澄ましている。」（前掲）をもとに編集部で再構成

【エッセンシャル・マネジメント・スクールの紹介】

著者の西條が創設し、代表を務めるエッセンシャル・マネジメント・スクール（ＥＭＳ）は、本質行動学という一〇〇年後、一〇〇〇年後も通用する普遍的な実践的な学問を学ぶことで、それぞれが培ってきた経験や知識をさらに十全に使いこなせるようになるための世界で初めてのマネジメントスクールです。

二〇一九年創設から、一部上場企業から中小企業の経営者、ビジネスマンから大学教授、世界で活躍されるアーティスト、スポーツ指導者等二〇〇〇名以上の方が修了し、七〇〇名以上がフェロー（特別研究員）となっています。

ＥＭＳで本書で論じられている「構造構成主義による〝新〟組織論」をさらに進化させた「本質行動学（エッセンシャル・マネジメント・サイエンス）」を学びたい方は、次のＱＲコードからサイトにアクセスし詳細をご確認ください。

ちくま新書
1124

チームの力《ちから》
――構造構成主義《こうぞうこうせいしゅぎ》による“新《しん》”組織論《そしきろん》

二〇一五年五月一〇日　第一刷発行
二〇二三年六月二〇日　第六刷発行

著者　西條剛央（さいじょう・たけお）

発行者　喜入冬子
発行所　株式会社 筑摩書房
東京都台東区蔵前二―五―三　郵便番号一一一―八七五五
電話番号〇三―五六八七―二六〇一（代表）
装幀者　間村俊一
印刷・製本　株式会社 精興社

ISBN978-4-480-06830-9 C0236